25 × DIE SCHWEIZ
EINE ZEITREISE

BRUNO MEIER
DENISE SCHMID

HIER UND JETZT

JENSEITS DER DENKSCHABLONEN

Das Land von Käse, Schokolade, Kühen, Taschenmessern, Uhren und Alpen. Mit Menschen, die sich seit Wilhelm Tell und dem Schwur auf dem Rütli von Fondue, Raclette und Rösti ernähren, jodeln oder Alphorn blasen und am liebsten «Heidis Lehr- und Wanderjahre» lesen – nein, diese Klischee-Schweiz findet sich nicht in diesem Buch. Welche dann? Womöglich der «Sonderfall Schweiz»? Der Topos, der im 19. Jahrhundert zur Herausbildung einer nationalen Identität diente und bis heute gerne von Politikerinnen und Politikern beschworen wird? Aber behaupten nicht alle, sie seien anders als alle anderen?

Gewiss, so manches ist speziell im Kleinstaat Schweiz, mitten in Europa gelegen, nicht Teil der EU, aber historisch, wirtschaftlich und kulturell eng mit ihr verwoben. Ein Land mit vier Amtssprachen, zahlreichen Dialekten, einer frühen, jedoch nicht ganz lupenreinen Demokratie und ausgeprägten föderalistischen Strukturen. Ein Land mit breitem Bildungssystem, gut ausgebautem öffentlichem Verkehr, sauberem Trinkwasser, lange Zeit nicht so sauberem Finanzplatz und einem Hang zu Ordnung und Pünktlichkeit – oder sind wir jetzt schon wieder beim Klischee?

Im Februar 1999 wurde der Verlag Hier und Jetzt im Handelsregister eingetragen. Wieso also nicht ein Buch zum 25-Jahr-Jubiläum schreiben? Ein Buch über die Schweiz, ihre Geschichte und Kultur – das Thema, mit dem sich seit der Gründung wechselnde Co-Verlegerinnen und Co-Verleger, unsere Mitarbeitenden und mehrere hundert Autorinnen und Autoren des Verlags beschäftigt haben.

Die Bücher, die dabei entstanden sind, haben so manch festgefahrene Vorstellung gegen den Strich gebürstet, Mythen hinterfragt, Quellen und Fakten eingeordnet, den Finger auf Wunden gelegt, aber durchaus auch das Sehnsuchtsland Schweiz mit seiner abwechslungsreichen Landschaft und Kultur beleuchtet – von

Berghotels übers Bierbrauen bis zur Kochkultur. Unsere Autorinnen und Autoren haben aufzuzeigen versucht, wie die Themen Migration und Heldentum, Freiheitsbegriff, Kulturkampf, Mitbestimmung der Frauen, Kalter Krieg und Europafrage aus einer differenzierten Perspektive aussehen. Einfache Antworten auf schwierige Fragen gab es nicht. Lieber wurden kritisch hinterfragende Schlüsse gezogen.

Als Verlegerin und Verleger liessen wir uns bei der Auswahl der Themen in unserem Programm politisch nicht vereinnahmen. Abgesehen von den äussersten Rändern finden wir ein breites Spektrum an Meinungen interessant und relevant. Über 700 Bücher sind seit 1999 bei Hier und Jetzt erschienen. Ernstes, Heiteres, Unterhaltsames, Wissenschaftliches, Kritisches, Hinterfragendes, Erzählendes. Ein bunte Fülle, aus der wir für dieses Buch geschöpft haben. Ohne Anspruch auf Vollständigkeit, nur unserer Lust folgend. Und doch bietet die kleine Auswahl ein durchaus abgerundetes Bild der Schweizer Geschichte.

Wir erzählen vom Schatz am Morgarten, vom lebensfrohen Zwingli, der auch den weltlichen Genüssen zugetan war, vom Mythos Tunnelbau und davon, wie Karten die Fantasie beflügeln; weshalb sich das Birchermüesli international durchsetzen konnte, wie man in der Schweiz stirbt, weshalb das Land so viele Nobelpreisträger, aber keinen weltberühmten Komponisten hervorgebracht hat, warum sich Biografien rege verkaufen und Jubiläen gut fürs Geschäft sind. Am Ende der Essays ist jeweils vermerkt, auf welche Bücher wir uns beziehen und was zu diesem Thema bei Hier und Jetzt erschienen ist.

Geschichtsschreibung ist immer im Wandel, wird von jeder Generation neu geprägt, ist Moden und Konjunkturen, sich verändernden Fragestellungen und Interpretationen unterworfen. Geschichte ebenso fundiert wie verständlich und mit einem hohen Anspruch an die Buchgestaltung für ein breites Publikum aufzubereiten, ist ein Drahtseilakt zwischen Genauigkeit und Verständlichkeit – und seit der Gründung Teil der DNA von Hier und Jetzt. In diesem Sinne haben unsere Bücher einen Teil der Schweizer Geschichtsschreibung der letzten 25 Jahre mitgeprägt, ja mitgeschrieben.

Delectare et prodesse – erfreuen und nützen soll sie, die nachfolgende Zeitreise durch die Schweizer Kultur und Geschichte. Wobei wir unser Augenmerk auf das Besondere gelegt haben, auf das, was die Schweiz auf die eine oder andere Art ausmacht. Bei bekannteren Themen suchten wir eine weniger bekannte Perspektive. All das weder aus falsch verstandenem Stolz noch aus Heimattümelei, sondern weil es so viel mehr zu erzählen gibt als die immer gleichen Mythen und Klischees zur Pflege eidgenössischer Denkschablonen.

Uns hat das Schreiben Spass gemacht, und wir hoffen, dass es Ihnen beim Lesen ebenso ergeht.

Bruno Meier und Denise Schmid

Inhalt

12 Lebensfroher Zwingli, sittenstrenger Breitinger

16 Das Birchermüesli: Weltanschauung zum Frühstück

20 Der Schatz am Morgarten

24 Die Universität Basel – so früh für die Männer, so spät für die Frauen

28 Der Bundesbrief von 1291 versus der Friede von Sirnach 1292

32 Firmen, Helden und internationale Verflechtungen

36 Nieder mit den alten Kästen – Hotelpaläste einst und jetzt

40 Kultur – zwischen hartem Pflaster und Museums-Eldorado

46 Was wäre, wenn … die Habsburger ausgestorben wären?

50 Die letzte Hungersnot in der Schweiz – oder von Armut und Migration

54 Wie Karten die Fantasie beflügeln

58 Von der göttlichen zur irdischen Ordnung

62 Badenfahrten – oder über die alte Hassliebe zwischen Baden und Zürich

66 Visperterminen – ein ganzes Dorf trägt Tracht

70 Berner Patrizier und der Sklavenhandel

74 Vom Wirtschaftswunderland und seinen Eliten

78 Heinrich Zschokke im Revolutionsnest Schloss Reichenau

82 Das Land der Schokolade und der Nobelpreisträger

86 Kulturkampf auf Schweizer Art

90 Im Gefängnis von Freiheit und Neutralität

94 Mythos Gotthard – Mythos Tunnelbau

98 Zuflucht und Sehnsucht – Adel in der Schweiz

102 Sterben in der Schweiz:
föderalistisch,
teuer, liberal

106 Biografien – oder weshalb
sie sich verkaufen

110 Jubiläen ohne Ende –
oder Geschichte als
Unterhaltung

114 Nachwort

120 Die 25 Bestseller von
Hier und Jetzt

122 Verlagsleitung und Team

LEBENSFROHER ZWINGLI,
SITTENSTRENGER BREITINGER

Zürich wird gern als «Zwingli-Stadt» bezeichnet. In der Regel ist diese Zuschreibung nicht unbedingt freundlich gemeint und verbunden mit Adjektiven wie freudlos, sittenstreng, engstirnig und so weiter. Heute wirft die politische Rechte der linken Stadtregierung oft eine zwinglianisch anmutende Bevormundung der Bevölkerung vor. Umgekehrt haben die Jugendbewegungen ab 1968 und 1980 der damals freisinnig regierten Stadt eine zwinglianische Freudlosigkeit attestiert.

Der arme Zwingli. Wie Franz Rueb in seiner engagierten Biografie gezeigt hat, war Ulrich Zwingli kein freudloser Mensch gewesen, sondern den weltlichen Genüssen und der Kunst durchaus zugetan. Nur wenn es um die Macht der Papstkirche ging, gab es für ihn kein Pardon, die galt es zu brechen. Und zumindest in Zürich war er damit erfolgreich. Rueb hat das sittenstrenge Bild von Zwingli unter anderem mit dem überlieferten Porträt von Hans Asper in Verbindung gebracht. Streng, eckig, unpersönlich, leblos, unsinnlich sei es, das Bild von einem strengen, abgehoben von uns wegblickenden Geistlichen, einem Puritaner. Auch das Denkmal von 1883 bei der Wasserkirche zeigt diesen Zwingli, dazu noch als Kriegsfürst, nicht nur mit der Bibel, sondern auch mit dem Schwert bewaffnet. Ein Soldat Gottes. Ein Mensch, den man nicht lieben kann. Weit weg vom Humanisten, vom Denker, vom Menschenfreund, der er war.

Dass der so karikierte Zwinglianismus wenig mit der Person des Reformators zu tun hat, ist durchaus bekannt. Die Reformation in den eidgenössischen Städten war nicht ohne die Unterstützung der politischen Eliten möglich gewesen. Dies führte zu einer engen Verzahnung von Kirche und Staat in Zürich und Bern, erst recht im Genf Calvins. Staat und Kirche setzten gemeinsam Regeln und Verbote. Dies war ein Prozess, der Jahrzehnte dauerte und unter Heinrich Bullinger, dem Nachfolger Zwinglis, begann.

Dazu gehörten beispielsweise die Einrichtung von Ehegerichten, die sich mehr und mehr zu Sittengerichten entwickelten und das Alltagsleben der Bevölkerung zu regeln versuchten. In der Kirchengeschichte spricht man von der Zeit der protestantischen Orthodoxie. Das von Heinrich Bullinger 1566 verfasste Zweite Helvetische Bekenntnis kann als Ausgangspunkt dieser orthodoxen Epoche angesehen werden. In Zürich ist die Orthodoxie aber in erster Linie mit Johann Jakob Breitinger verbunden. Breitinger, 1575 geboren, studierte Theologie an verschiedenen deutschen Universitäten und trat 1597 sein erstes Pfarramt in Zumikon

Protagonisten der Zürcher Reformation: Ulrich Zwingli auf einem Porträt von Hans Asper, 1549. Rechts der Antistes Johann Jakob Breitinger, dargestellt von Samuel Hofmann, um 1644.

an. 1611 wurde er als Pfarrer an die Kirche St. Peter berufen, 1613 ernannte ihn der Rat der Stadt zum ersten Pfarrer am Grossmünster und damit zum Antistes, zum Vorsteher der Zürcher Kirche. Breitinger war in den folgenden drei Jahrzehnten bis zu seinem Tod 1645 die dominierende Figur der Zürcher Kirche und verkörperte die reformierte Orthodoxie. Er hat das geprägt, was wir heute als Zwinglianismus bezeichnen: einen sittlichen Rigorismus, eine puritanische Selbstdisziplin. Theater und Musik wurden aus dem öffentlichen Leben verbannt, Sitten- und Kleidermandate schränkten das Leben der Leute ein. Dazu gehörten auch eine strikte Ausbildung und eine strenge Kontrolle der Geistlichen. Aber auch die Förderung des Schulwesens war Teil von Breitingers Programm. Die Schule hatte der Erziehung der Jugend zu einem sittlichen und gottgefälligen Leben zu dienen. Der Berner Patrizier Hans Thüring Effinger von Wildegg, der zu Beginn des 17. Jahrhunderts bei Breitinger in Zürich zur Schule ging, schrieb auf seine von ihm selbst verfassten Dokumente jeweils den Wahlspruch: «Gott regier mein Leben». Besser könnte man die breitinger'sche Vorstellungswelt kaum zum Ausdruck bringen. Breitinger sah Zürich als Bollwerk gegen die katholische Gegenreformation, insbesondere während des Dreissigjährigen Kriegs. Er redete zeitweilig einem Kriegseintritt der reformierten Orte der Eidgenossenschaft an der Seite der reformierten Staaten das Wort und unterhielt Beziehungen zur schwedischen Krone. Die strengen Regeln der Orthodoxie wurden später, in der Zeit der Aufklärung und des Pietismus, schliesslich aufgebrochen. Das lässt sich schön anhand einer barocken Zürcher Quelle beobachten.

Als Anna Margaretha Gessner-Kitt 1699 ihr Kochbuch verfasste, galten die Sittenmandate zwar nach wie vor, aber offenbar nicht im Privaten. Im eigenen Haus lebte die Oberschicht keineswegs frugal und bescheiden. Die 470 Rezepte der Kittin, wie sie sich selbst nannte, sind reich an teurem Gewürz – etwa Ingwer, Pfeffer, Safran oder Muskatnuss – sowie an Butter und Zucker. Auch die üppigen Fleisch-, Fisch und Geflügelgerichte oder Orangen, Zitronen und Artischocken, die aus Italien über die Alpen kamen, zeigen, dass es sich die führenden Kreise im sittenstrengen Zürich in den eigenen vier Wänden durchaus gut gehen liessen. Anna Margaretha Gessner-Kitt starb 1701 mit 49 Jahren.

Im gleichen Jahr kam ein weiterer Johann Jakob Breitinger zur Welt. Er wurde Theologe, wie sein strenger Namensvetter, der mehr als fünfzig Jahre zuvor gestorben war. Der jüngere Breitinger unterrichtete als Professor am Collegium Carolinum Griechisch, Hebräisch, Logik sowie Rhetorik und galt zusammen mit Johann Jakob Bodmer und Johann Caspar Lavater als Vertreter einer aufklärerischen und bildungsreformerischen Elite. Wieso er hier auch noch erwähnt wird? Weil es ein witziger Zufall ist, dass er der Namensgeber jener Breitingerstrasse in Zürich ist, an welcher der im katholischen Baden gegründete Verlag Hier und Jetzt heute seine Büros hat.

Bruno Meier
«Gott regier mein Leben». Die
Effinger von Wildegg, Land-
adel und ländliche Gesellschaft
zwischen Spätmittelalter und
Aufklärung.
Baden 2000.

Franz Rueb
Zwingli. Widerständiger Geist
mit politischem Instinkt.
Baden 2016.

*Denise Schmid, Mira Imhof,
Helene Arnet, Susanne Vögeli
(Hg.)*
Das Kochbuch der Kittin von
1699.
Zürich 2023.

DAS BIRCHERMÜESLI:
WELTANSCHAUUNG ZUM FRÜHSTÜCK

Käsefondue, Rösti, Birchermüesli – der Dreiklang der Schweizer Nationalspeisen. Rösti lässt sich schnell abhaken: nahrhafte geraffelte Kartoffeln aus der Bratpfanne, durchaus beliebt, aber nicht einmalig. In anderen Ländern gibt es Vergleichbares, etwa deutsche Kartoffelpuffer oder amerikanische Hash Browns.

Fondue ist verglichen damit schon etwas spezieller: eine schwer im Magen liegende Käsesuppe, die mit Brot verzehrt wird. Seit dem 17. Jahrhundert ist sie schriftlich verbürgt und auch auf der französischen und italienischen Seite der Alpen und im Jura ein Begriff. «Im Kochbuch der Kittin von 1699» findet sich etwa das Rezept «Käss mit wein zu kochen». Bei der breiten Bevölkerung ist Fondue allerdings erst seit den grossen Marketingkampagnen der Schweizerischen Käseunion in den 1930er-Jahren so beliebt. Fans des Gerber-Fertigfondues aus der Packung finden sich auch in Kanada, Deutschland, Holland und Österreich; im Rest der Welt stösst die eigensinnige Schweizer Kalorienbombe aber nur auf wenig Begeisterung.

Der Star der Schweizer Küche, der kulinarische Exportschlager schlechthin, ist das viel geliebte und häufig misshandelte Birchermüesli von Max Bircher-Benner (1867–1939). Jedes Frühstücksbuffet von halbwegs internationalem Rang ziert sich mit einer Form davon. Und der Erfinder dreht sich regelmässig im Grab um, wenn er seinen Namen auf Millionen von Packungen mit Titeln wie «Crunchy Granola Bircher Muesli» liest, wo Kokosraspeln, Ahornsirup, Vanilleextrakt und getrocknete Cranberrys munter mit Haferflocken zusammengemischt werden oder wenn er dem fröhlichen Jamie Oliver auf YouTube folgt, der dort sein «Chocolate Bircher Muesli» anpreist – mit Banane, Milch, Schokoladenpulver und klein geschnittenen Datteln. Mit einem richtigen Birchermüesli hat das rein gar nichts zu tun. Dort steht nämlich eine Zutat im Zentrum: der Apfel. Das Originalrezept lautet schlicht:

2–3 kleine Äpfel mit der Schale fein raffeln, 1 Esslöffel Haferflocken, 3 Esslöffel Wasser, 1 Esslöffel geriebene Haselnüsse, Walnüsse oder Mandeln, 1 Esslöffel Zitronensaft, 1 Esslöffel Kondensmilch.

In der schwedischen Zeitschrift *Vegetarier* wird das Rezept 1931 als «Apfelmorgenmahlzeit» vorgestellt. Bircher-Benner nannte das

Titelbild eines Prospekts des Sanatoriums Lebendige Kraft von 1907, das Max Bircher-Benner drei Jahre zuvor am Zürichberg eröffnet hatte.

Gericht «d'Spys». Es steht in der langen bäuerlichen Tradition des morgendlichen Getreidebreis. Bircher-Benner erneuerte ihn durch seinen Fokus auf die Rohkost. «D'Spys» entstand um die Jahrhundertwende und spiegelt die Weltanschauung der Lebensreformbewegung. Viele Schriften befassten sich damals mit dem gesunden Leben, mit richtiger Ernährung, Mässigung und Abstinenz.

Max Bircher-Benner war Arzt und heilte 1895 eine chronisch magenkranke Frau mithilfe einer Rohkostdiät. Das war der Durchbruch. In den folgenden Jahren befasste er sich mit den wissenschaftlichen Grundlagen der Ernährung und seiner Theorie der Nahrungsenergie als umgewandelter Sonnenenergie. Im Jahr 1900 legte er die Grundprinzipien einer gesunden Ernährung fest: eine vegetarische Kost mit geringem Eiweissanteil unter Verzicht auf Alkohol, Tabak, Kaffee und Tee. 1904 eröffnete Bircher-Benner das Sanatorium Lebendige Kraft am Zürichberg. Die Anerkennung von Kollegen blieb dem Rohkostpapst zu Lebzeiten versagt, aber «d'Spys» verbreitete sich schon bald ins europäische Ausland, zunächst vor allem über vegetarische Zeitschriften.

Man findet das Birchermüesli-Rezept auch in den seit 1923 publizierten Kochbüchern von Elisabeth Fülscher und im 2022 publizierten «Fülscher heute» von Susanne Vögeli. Die moderne Anpassung besteht in der Verwendung von Joghurt, Quark oder Rahm anstelle von Kondensmilch.

Nicht der geschmolzene Käse oder die geraffelte Kartoffel konnten den Rest der Welt also von der Schweizer Kulinarik überzeugen, sondern das asketische Apfel-Haferflocken-Mahl des Weltverbesserers vom Zürichberg – ein Spiegel der Sehnsucht nach dem naturverbundenen, einfachen, gesunden Leben, die die Menschen seit Beginn der Industrialisierung umtreibt.

«Der Weg liegt vor euch. Es kommt nur darauf an, dass ihr ihn geht», steht auf Max Bircher-Benners Grabstein. Jeden Morgen von neuem – und zum Einstieg gibt es das frugal-geniale Schweizer Birchermüesli. ds

Beat Brodbeck, Peter Moser
Milch für alle. Bilder,
Dokumente und Analysen zur
Milchwirtschaft und Milch-
politik in der Schweiz im
20. Jahrhundert.
  Baden 2007.

*Wolff Eberhard (Hg.), im Auf-
trag des Schweizerischen Natio-
nalmuseums*
Lebendige Kraft. Max Bircher-
Benner und sein Sanatorium
im historischen Kontext.
  Baden 2010.

Elisabeth Fülscher
Kochbuch. Susanne Vögeli und
Max Rigendinger (Hg.).
  Baden 2013.

Susanne Vögeli
Fülscher heute.
  Zürich 2022.

*Denise Schmid, Mira Imhof,
Helene Arnet, Susanne Vögeli
(Hg.)*
Das Kochbuch der Kittin von
1699.
  Zürich 2023.

DER SCHATZ AM MORGARTEN

Gross war die Aufregung im Juni 2015, als kurz vor dem Festakt zum 700-Jahr-Jubiläum im Wissenschaftsmagazin *Einstein* von SRF über aufsehenerregende Funde auf dem mutmasslichen Schlachtfeld von Morgarten berichtet wurde. Im Einverständnis mit den Behörden der Kantone Schwyz und Zug und mit wissenschaftlicher Begleitung hatte der Berner Sondengänger Romano Agola mehrere Monate lang das Gelände mit seinem Metalldetektor abgesucht und über 80 Kilogramm an Material gefunden. Das meiste davon war moderner Zivilisationsschrott, ein paar Funde konnten aber tatsächlich ins Mittelalter datiert werden. Auf einer Geländerippe im Gebiet Schorren, wo auch der Letziturm steht, stiess Agola auf ein kleines Depot mit Dolch, Pfeilspitzen, Münzen und Kleinodien, die teils aus dem 13. Jahrhundert, teils gar aus der hochmittelalterlichen Zeit stammten. Rainer Stadler kommentierte in der *Neuen Zürcher Zeitung* vom 23. Juni 2015 sarkastisch: «Der historische Laie wunderte sich, dass so nahe unter der Oberfläche derart alte Gegenstände liegen. Mit dieser Frage liess man ihn allein. Die in der ‹Einstein›-Sendung nachgestellten Entdeckungen erinnerten zuweilen an eine Suche nach Ostereiern.» Man könnte scherzhaft anfügen: Hat da ein Schwyzer Kämpfer, bevor er sich in die Schlacht stürzte, seine Wertsachen deponiert, um sie nach getaner Arbeit wieder abzuholen, ist dann aber in der Schlacht umgekommen und nicht zurückgekehrt? Weiter fabuliert: Waren die Münzen und die Kleinodien sein Anteil an der Beute bei der Plünderung des Klosters Einsiedeln im Januar 1314? Zweifellos Stoff für eine Romanhandlung. Charles Lewinsky hat dies in seinem Roman «Halbbart» (2020) auf kongeniale Art umgesetzt.

Über die Bedeutung des Gefechts am Morgarten – Schlacht ist vielleicht etwas hoch gegriffen – ist in der eidgenössischen Geschichtsschreibung viel geschrieben worden. Silvia Hess hat mit ihrem Buch über die Inszenierung des Ortes als Erinnerungsort eine schöne Übersicht geliefert. Im Kontrast dazu sind die zeitgenössischen historischen Quellen äusserst dürftig. Der genaue Ort des Gefechts ist trotz allen Metallfunden nicht genau feststellbar. Detailliertere chronikalische Nachrichten über die Schlacht finden sich erst etwa 25 Jahre später, auch Traditionsnotizen aus Jahrzeitbüchern stammen aus deutlich späterer Zeit. Und doch spielt Morgarten in der eidgenössischen Geschichtsschreibung eine herausragende Rolle. Dies nicht nur, weil Aegidius Tschudi

Fundstücke vom Gebiet Schornen am Morgarten, darunter zwölf Silberpfennige aus dem 13. Jahrhundert.

(1505–1572) in seiner Schweizer Chronik im 16. Jahrhundert eine schlüssige Erzählung des Geschehens geliefert hat. Sondern vor allem, weil gut drei Wochen nach der Schlacht Uri, Schwyz und Unterwalden in Brunnen einen Bundesbrief aufgesetzt haben. Im Gegensatz zum «Bundesbrief» von 1291 spielte der Bund von Brunnen in der eidgenössischen Tradition eine entscheidende Rolle. Er galt immer als der erste Bund, fand Eingang in zahlreiche Abschriftensammlungen und Chroniken, so auch in das um 1470 verfasste «Weisse Buch von Sarnen», in dem erstmals die Tell-Erzählung aufgezeichnet ist. Zusammen mit den 1316 und 1327/28 von König Ludwig dem Bayern ausgestellten Reichsprivilegien bildete der Bund von Brunnen die Grundlage, auf der die drei Urkantone gegenüber Habsburg-Österreich ihre Eigenständigkeit legitimierten. In verschiedenen Verhandlungen mit den Habsburgern im 14. und 15. Jahrhundert konnten die Eidgenossen diese Dokumente vorweisen und mit ihnen ihre Souveränität untermauern. Man könnte deshalb auch sagen: Morgarten und der Bund von Brunnen sind die eigentliche Geschichte, der Rütlischwur und der Bundesbrief hingegen der Mythos – 1315 also das richtige 1291.

Im Jubeljahr 2015 waren nicht nur die Schatzsucher am Werk. Am Morgarten wurde zusammen mit dem rekonstruierten Haus Niderröst aus Schwyz, dem ältesten Holzhaus der Schweiz, ein Besucherzentrum realisiert, in dem die Geschichte der Schlacht auf dem aktuellen Stand des Wissens erzählt wird. Auf dem Morgartenpfad und dem Letzirundweg kann man die Landschaft erkunden. Das Denkmal von 1908 und die Schlachtkapelle von 1603 wurden damit ergänzt, eine (Re-)Konstruktion, die durchaus mit der Hohlen Gasse zwischen Immensee und Küssnacht vergleichbar ist. Die Landschaft ist mittlerweile derart möbliert, dass Aegidius Tschudi wohl seine helle Freude daran hätte. In Landschaft «gegossene» Geschichte ist eben noch etwas wahrer. Dass die Letzi – der rund zwei Kilometer lange Sperriegel durch das Tal – erst nach der Schlacht errichtet worden ist, fragt heute niemand mehr nach. bm

Bruno Meier
Von Morgarten bis Marignano.
Was wir über die Entstehung
der Eidgenossenschaft wissen.
Baden 2015.

Silvia Hess
Morgarten. Inszenierung eines
Ortes.
Baden 2018.

DIE UNIVERSITÄT BASEL – SO FRÜH FÜR DIE MÄNNER, SO SPÄT FÜR DIE FRAUEN

Man ist stolz auf das Gründungsjahr der Universität Basel: 1460. Vor mehr als 550 Jahren öffnet eine der ersten Universitäten in Europa ihre Türen. Eine weit entfernte Zeit, die Renaissance, in der man sich in der Stadt am Rhein mit Theologie, Medizin, Jurisprudenz und den «sieben freien Künsten» – die später in der Philosophischen Fakultät versammelt werden – zu befassen beginnt. Der Papst gestattet die Gründung mit Urkunde und Siegel, die Eröffnung feiert man mit einer Messe.

Die Reformation ist noch ein halbes Jahrhundert entfernt, Kolumbus wird erst drei Jahrzehnte später in der Karibik landen und Basel ist noch nicht Teil dessen, was man «Alte Eidgenossenschaft» nennt. Mit Bürgermeister, Oberzunftmeister und Rat ist die Stadt praktisch souverän. 1501 tritt sie der Eidgenossenschaft bei.

Die Basler lassen sich vom Papst noch Pfründen zusprechen und kaufen den Schalerhof am Rheinsprung, wo sieben Hörsäle eingerichtet werden, eine Aula, Studentenunterkünfte und die Wohnung des Pedells. Alles sehr fortschrittlich, sehr neu. Mit 226 Immatrikulierten nimmt man den Betrieb auf.

Doch die Erfolgsgeschichte hat auch eine weniger rühmliche Kehrseite. Die stolze Universität Basel, eine der Geburtsstätten des Humanismus, ist nicht nur die Erste, sondern auch die Letzte. Die letzte Universität, die 1890 in der Schweiz Frauen zum Studium zulässt. In Zürich (1867), Bern (1870), Genf (1872), Lausanne (1876) und Neuenburg (1878) war man schneller. In Basel hingegen wird Wert auf Tradition gelegt, was sich mit dem Frauenstudium schlecht verträgt. Die Basler Professorenschaft ist sich im 19. Jahrhundert ziemlich einig: Frauen bringen Unruhe ins Haus und könnten Eltern davon abhalten, ihre Söhne an die Universität zu schicken. Frauen gehören in die Familie und nicht in die Wissenschaft.

Professor Carl Henschen (1877–1957), Chefchirurg des Basler Bürgerspitals von 1926 bis 1948, in einer Vorlesung vor Studierenden der Medizin an der Universität Basel.

Man könnte Basel nun mit dem Argument verteidigen, dass die Stadt verglichen mit Universitäten in Deutschland und Österreich doch noch etwas schneller war. Als erstes deutsches Land gewährte das Grossherzogtum Baden den Frauen erst 1900 den vollen Zugang zur Universität. Die Österreicher wählten eine gemächliche Salamitaktik: 1897 liess man Frauen in Wien, Prag, Graz und Innsbruck zum Studium an der Philosophischen Fakultät zu, ab 1900 zum Medizinstudium und erst nach dem Ersten Weltkrieg 1919 zum Jurastudium und zur Ausbildung an den technischen Hochschulen. Aber will man sich mit Schlechteren vergleichen? Es gibt noch ganz andere Vorbilder, so die Universität Bologna, wo Bettisia Gozzadini ab 1239 Recht unterrichtete und damit als erste Frau der Welt gilt, die an einer Universität Vorlesungen hielt. Oder die Universität Padua, die Elena Lucrezia Cornaro Piscopia als erster Frau der Welt 1678 einen Doktortitel in Philosophie verlieh.

Die Feststellung, dass etwas früh oder spät ist, klingt zwar historisch unscharf – kann im Vergleich aber dennoch interessant sein. Seit 1899 gibt es in Basel eine Töchterschule, an der Mädchen eine Matura ablegen können, diese wurde 1913 eidgenössisch anerkannt. Das war nun wiederum früh, denn die Zürcher Matura wurde für Frauen beispielsweise erst 1929 anerkannt. Und Basel war enorm früh im Vergleich mit dem Oberwallis, wo Mädchen bis 1966 keine eidgenössische Matura an einer öffentlichen Schule machen konnten, weil es dafür nur das den Knaben vorbehaltene Kollegium Brig gab. Ähnlich finster die Lage im Kanton Obwalden, wo Mädchen am Kollegium Sarnen erst 1970 zugelassen wurden! Zu diesem Zeitpunkt gab es bereits zwei Generationen von Baslerinnen, die studiert hatten, wenn auch nur in geringer Zahl.

Denn trotz Hochschulzulassung studierten um die Jahrhundertwende auffällig wenige Frauen in Basel. Weshalb? Mit Blick auf die Universität Zürich und ihre vielen russischen Studentinnen damals hatte man sich am Rheinknie etwas einfallen lassen. Wer sich in Basel immatrikulieren wollte, musste eine Schulbildung mit Matura aus dem Kanton Basel-Stadt vorweisen. Infolgedessen studierten 1908 in Zürich 397 Frauen und der Frauenanteil an der Universität betrug 27 Prozent. Davon waren 87 Prozent Ausländerinnen. In Basel studierten im gleichen Jahr gerade mal 21 Frauen, davon waren 3 Ausländerinnen. Die Abschreckung wirkte. Hinzu kam, dass um die Jahrhundertwende die Oberschicht – der sogenannte Basler Daig – ihre Töchter noch nicht aufs Gymnasium sandte oder gar studieren liess. Die ersten Schülerinnen stammten aus der Mittelschicht, ihre Väter waren Schreiner, Kaufleute, Lehrer, Pöstler oder Angestellte. Die Mädchen machten einen Handelsabschluss oder besuchten das Lehrerinnenseminar.

Mit dem Universitätsgesetz von 1914 erhielten auch Ausländerinnen mit einem der Basler Matura gleichwertigen Abschluss Zugang zur Hochschule – vorbehaltlich der Einwilligung der jeweiligen Fakultät. Dieses Hintertürchen hielt man sich offen.

Nach dem Ersten Weltkrieg wurde die höhere Bildung für Töchter aus dem «Basler Daig» langsam akzeptabler, so auch für Frauen wie beispielsweise Marie Lüscher (1912–1991), die ab 1926 das Mädchengymnasium besuchte, in den 1930er-Jahren Medizin studierte und Mitte des 20. Jahrhunderts die einzige Chefchirurgin der Schweiz war. Doch wie viel Potenzial war in dieser Frauengeneration und jenen davor verschenkt worden, bloss weil Vorurteile und Strukturen es so bestimmten. ds

Monika Bankowski,
Franziska Rogger
Ganz Europa blickt auf uns! Das schweizerische Frauenstudium und seine russischen Pionierinnen.
Baden 2010.

Denise Schmid
Fräulein Doktor. Das Leben der Chirurgin Marie Lüscher.
Zürich 2022.

DER BUNDESBRIEF VON 1291 VERSUS DER FRIEDE VON SIRNACH 1292

Wie ein riesiger erratischer Block steht der Bundesbrief von 1291 in der Historiografie der Schweiz. Er verdeckt so ziemlich alles, was in der Geschichte des nachmaligen Raumes der Schweiz um 1300 von Bedeutung gewesen ist. Und dies, obwohl die von Wilhelm Oechsli 1891 quasi heiliggesprochene Urkunde zuvor während eines halben Jahrtausends (!) nicht bekannt gewesen war und deshalb auch nie gebraucht worden ist. Hinzu kommt, dass der Bundesbrief in der ersten Hälfte des 20. Jahrhunderts im Kontext der Geistigen Landesverteidigung mit der eidgenössischen Befreiungsgeschichte aufgeladen wurde, der mythischen Geschichte vom Rütlischwur, von Tell und vom Burgenbruch. Eine Geschichte, die im späten 15. Jahrhundert entstanden ist und in der Geschichtsschreibung seit dem 16. Jahrhundert eine grosse Bedeutung für den lockeren Staatenbund zwischen Genfersee und Bodensee, genannt Eidgenossenschaft, gehabt hat. Ihren stellaren Aufstieg bis in die Weltliteratur aber verdankt sie dem Dichter Friedrich Schiller und seinem «Wilhelm Tell» von 1804. Bundesbrief und Befreiungsgeschichte sind bis heute untrennbare Zwillinge der Schweizer Geschichte, obwohl sie einen völlig unterschiedlichen Werdegang hatten.

Die Geschichte des Bundesbriefs ist ein Lehrstück, wie Geschichte wissenschaftlich verbrämt politischen Zwecken dient: 1891 im Kontext der Integration der katholischen Kantone – die Verlierer von 1847/48 – in den Bundesstaat, 1940 als Meistererzählung in der Abwehr der nationalsozialistischen Bedrohung. Dekonstruiert haben diese Geschichte der Historiker Otto Marchi mit seiner «Schweizer Geschichte für Ketzer» (1969) und der Schriftsteller Max Frisch mit seinem «Wilhelm Tell für die Schule» (1971). Neu zusammengesetzt hat sie 2008 der Historiker Roger Sablonier mit seiner «Gründungszeit ohne Eidgenossen». Der erratische Block Bundesbrief ist damit aber nicht weggeräumt.

Historische Fakten hin oder her: Er ist und bleibt ein unverändert beliebtes Objekt im politischen Diskurs. «1291 haben sich Uri, Schwyz und Unterwalden in einem eigenen Bündnis von den Habsburgern losgelöst und darauf geschworen, sich gegenseitig zu helfen», heisst es auf der Homepage der SVP auch im Jahr 2023 noch. Womöglich klingt diese simple Botschaft einfach zu gut, um nicht wahr zu sein.

Politisch tatsächlich entscheidend war in den letzten Jahren des 13. Jahrhunderts allerdings etwas anderes: ein Konflikt, der nach dem Tod von König Rudolf von Habsburg Mitte Juli 1291 im heutigen Schweizer Mittelland entstand und am 24. August 1292 im thurgauischen Sirnach beigelegt werden konnte. Wenn ein König verstarb, folgte darauf eine kürzere oder längere Zeit der Unsicherheit, ein «Interregnum» ohne politische Ordnungsmacht. In dieser Zeit versuchten die politisch Mächtigen, sich in eine möglichst gute Position für das künftige «Regnum» zu bringen. Auf der Ebene des Heiligen Römischen Reiches waren dies die Reichsfürsten als Königswähler, auf einer untergeordneten Ebene die regionalen Machthaber wie Reichsstädte, Bischöfe und Adelshäuser. Und: vermehrt auch Kommunen, Reichsländer, die wie Städte eine eigene Souveränität im Reichsverband anstrebten.

1291/92 dauerte es fast zehn Monate, bis Adolf von Nassau zum neuen König gewählt war. Albrecht, der Sohn von König Rudolf, schaffte es hingegen nicht, sich als Nachfolger seines Vaters erfolgreich in Stellung zu bringen. Bis die Wahl feststand, versuchten die Konkurrenten der Habsburger, die Situation auszunutzen und quasi «alte Rechnungen» zu begleichen. Im Schweizer Mittelland waren dies die Grafen von Savoyen, die Grafen von Habsburg-Laufenburg, das Kloster St. Gallen, eine Reihe von Adligen aus dem Raum Ostschweiz-Bodensee sowie die Städte Bern, Zürich und Luzern, möglicherweise auch Schwyz und Uri. Spiritus Rector dieser Koalition war notabene ein Habsburger: Rudolf von Habsburg-Laufenburg, Bischof von Konstanz und Vetter des verstorbenen Königs.

Albrecht konnte den Kopf jedoch aus der Schlinge ziehen. Eine Schlacht bei Winterthur, eine Belagerung Zürichs, die Erstürmung der Nellenburg und des Städtchens Wil waren Ereignisse in dem nun für kurze Zeit geführten, für Albrecht von Habsburg schliesslich erfolgreichen Krieg im Frühling/Sommer 1292. Im August traf man sich in Sirnach unweit von Wil und schloss Frieden. Der Status quo war wiederhergestellt, die Konflikte allerdings nur vordergründig gelöst. Welche Rolle die «Urkantone» in diesem Konflikt spielten, ist schlicht nicht bekannt, der «Bundesbrief», wenn er denn in diesem Jahr überhaupt schon geschrieben worden ist, blieb unerkannt in einer Schwyzer Truhe liegen.

Man könnte sich fragen, welchen politischen Nutzen der differenzierte Blick auf die Geschichte um 1300 heute hat. Dieser kann sich nicht in der Abgrenzung von den alten Mythen oder Irrtümern erschöpfen. In den Jahren 1291/92 ging es darum, aus einer

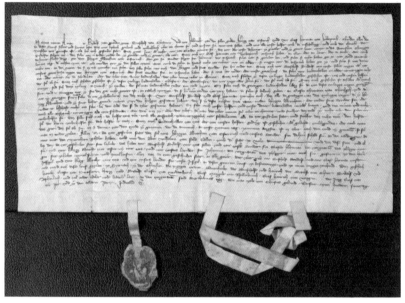

Eine Urkunde mit Wirkung: der Friede von Sirnach, geschlossen am 24. August 1292 zwischen Herzog Albrecht von Habsburg und seinen Kontrahenten in der Ostschweiz.

durch den Tod von König Rudolf entstandenen unsicheren Situation heraus wieder Frieden zu schaffen und die Sicherheit der Bevölkerung zu garantieren. Dass in solchen Friedensschlüssen oft bereits der Keim für den nächsten Konflikt liegt, zeigt die Geschichte bis heute leider zur Genüge. bm

Roger Sablonier
Gründungszeit ohne Eidgenossen. Politik und Gesellschaft in
der Innerschweiz um 1300.
Baden 2008.

Bruno Meier
1291 – Geschichte eines Jahres.
Baden 2018.

FIRMEN, HELDEN UND INTERNATIONALE VERFLECHTUNGEN

Es sind Geschichten von Ideenreichtum, Mut, Rückschlägen, Tatkraft und Erfolg – also Heldengeschichten –, die sich über viele im 19. Jahrhundert gegründete Firmen und ihre Gründer erzählen lassen. Und es sind gerade im Kleinstaat Schweiz praktisch immer Verflechtungsgeschichten. Wie diejenige von Johann Jakob Sulzer, Besitzer einer kleinen Giesserei in Winterthur, der 1849 nach London reiste, den 22-jährigen Ingenieur Charles Brown kennenlernte und ihn davon überzeugte, nach Winterthur zu kommen. Der junge Engländer traf 1851 ein, integrierte sich rasch und entwickelte für Sulzer Dampfmaschinen, Kessel, Zentralheizungsanlagen, Ersatzteile für Textilmaschinen und vieles mehr. Weil das Unternehmen nicht für den Bau von Dampflokomotiven zu gewinnen war, gründete Brown die Schweizerische Lokomotiv- und Dampfmaschinenfabrik (SLM). 1884 wechselte er zur Maschinenfabrik Oerlikon, wo er mit seinem Sohn Charles den ersten dreiphasigen Hochleistungsgenerator konstruierte. Charles Brown junior wiederum gründete 1891 zusammen mit Walter Boveri die Firma Brown, Boveri & Cie. (BBC) in Baden, die den Kanton Aargau zu einem der wichtigen Industriestandorte der Schweiz machte. Seit 1988 bildet die BBC zusammen mit der schwedischen Asea den international tätigen Konzern ABB.

Eine Verbindung zu Schweden gibt es auch in einer anderen Schweizer Pioniergeschichte. Wer lieferte das Dynamit für den Bau des Gotthardtunnels? 1866 von Alfred Nobel erfunden, konnte der neue Sprengstoff im harten Gestein des Gotthardmassivs erstmals im grossen Stil zum Einsatz kommen. 1873 kaufte Nobel mit Partnern das abgelegene Bachdelta namens Isleten am Vierwaldstättersee. Eine kleine Halbinsel mit einer stillgelegten Papierfabrik, die damals nur vom See zugänglich war. Nobel baute dort mit seinen französischen und Urner Compagnons die «Schweizerische Dynamit- und Chemische Producten-Fabrik AG» auf. Dank des Dynamits kam das ehrgeizige Tunnelprojekt am Gotthard voran, wobei man für die 15 Kilometer Eisenbahntunnel dennoch acht Jahre bis zum Durchschlag 1880 benötigte. Bis 2001 wurde auf der Isleten Sprengstoff produziert, danach siedelten sich dort diverse Betriebe an. 2022 präsentierte der ägyptische Investor Samih Sawiris sein Projekt einer Feriensiedlung mit Bootshafen auf dem idyllischen Flecken am See – vom Industrie- zum Tourismusstandort, Sinnbild des Zeitenwandels.

Ob Seide, Aluminium, Dieselmotoren, Bier, Zigarren, Schuhe, Kaffee, Schokolade oder Konserven namens Hero – wo uns die Heldengeschichte sogar im Namen aufs Auge gedrückt wird, auch

1948 kamen die legendären Ravioli in Tomatensauce ins Hero-Sortiment: Büchse aus den 1950er-Jahren. Rechts sechs Mitarbeiter der Firma Sulzer während des Transports einer Dampfmaschinenkomponente nach London, 1903.

wenn dahinter nur die Anfangsbuchstaben der beiden Firmenbesitzer Henckell und Roth stehen –, Schweizer Firmengeschichten sind reich an internationalen Verflechtungen und besonderen Geschichten bis in die Gegenwart. Auch wenn heute im Wirtschaftskonzert nicht mehr die Industrie, sondern Dienstleistungen den Ton angeben.

Ein Beispiel ist die 1985 von HSG-Absolventen gegründete Firma Abacus, die Firmensoftware für Schweizer KMU herstellt. Die Gründer und Besitzer Claudio Hintermann, Eliano Ramelli, Thomas Köberl und Daniel Senn sehen sich auf unkonventionelle

Art als Antihelden. In der Dotcom-Blase um das Jahr 2000 bewahrten sie einen kühlen Kopf, liessen sich nicht durch überrissene Kaufangebote vom grossen Geld locken. Und bis heute pflegen sie eine entspannte Firmenkultur mit flachen Hierarchien und leisten sich auf ihrem Campus im sankt-gallischen Wittenbach ein Gourmetrestaurant, weil sie so gern schlemmen. Dass sie mit dieser lockeren, vom Stil der Patrons des 19. Jahrhunderts Lichtjahre entfernten Unternehmenskultur dennoch zum grössten Schweizer Anbieter von Firmensoftware wurden, ist letztlich auch eine Art Heldengeschichte – eine für die heutige Zeit. ds

Peter Heim
Königreich Bally. Fabrikherren und Arbeiter in Schönenwerd.
Baden 2000.

Irene Amstutz, Sabine Strebel
Seidenbande. Die Familie De Bary und die Basler Seidenbandproduktion von 1600 bis 2000.
Baden 2002.

Andreas Steigmeier
Blauer Dunst. Zigarren aus der Schweiz gestern und heute.
Baden 2002.

Adrian Knoepfli, Mario König, Hans Ulrich Wipf
Saurer. Vom Ostschweizer Kleinbetrieb zum internationalen Technologiekonzern.
Baden 2003.

Peter Kaiser, Bruno Meier (Hg.)
100 Jahre Usego. Eine Spurensuche.
Baden 2007.

Roman Rossfeld
Schweizer Schokolade. Industrielle Produktion und kulturelle Konstruktion eines nationalen Symbols 1860–1920.
Baden 2007.

Adrian Knoepfli
Im Zeichen der Sonne. Licht und Schatten über der Alusuisse 1930–2010.
Baden 2010.

Martin Lüpold, Franziska Schürch, Isabel Koellreuter
Hero – seit 1886 in aller Munde. Von der Konserve zum Convenience Food.
Baden 2011.

Matthias Wiesmann
Bier und wir. Geschichte der Brauereien und des Bierkonsums in der Schweiz.
Baden 2011.

Hansjakob Burkardt
Dynamit am Gotthard –
Sprengstoff in der Schweiz.
Eine Geschichte der Spreng-
stoffindustrie in der Schweiz
am Beispiel von Isleten am
Urnersee.
Baden 2012.

Tobias Ehrenbold
BATA. Schuhe für die Welt,
Geschichten aus der Schweiz.
Baden 2012.

Anna Bálint
Sulzer im Wandel. Innovation
aus Tradition.
Baden 2015.

Thomas Fenner
Flaggschiff Nescafé. Nestlés
Aufstieg zum grössten Lebens-
mittelkonzern der Welt.
Baden 2015.

Bruno Meier, Tobias Wildi
Company Town. BBC/ABB
und die Industriestadt Baden.
Baden 2016.

Franziska Eggimann
Lebendige Industrie. Blicke in
das Konzernarchiv der Georg
Fischer AG.
Baden 2018.

Christoph Hugenschmidt
Inside Abacus oder die ver-
rückte Geschichte der Schweizer IT-Branche.
Zürich 2023.

NIEDER MIT DEN ALTEN KÄSTEN – HOTELPALÄSTE EINST UND JETZT

«Wo immer möglich sollten Hotels, die ungünstig gelegen oder unzweckmässig disponiert oder überhaupt überaltert sind, ausgeschaltet werden. Dies mag – leider in seltenen Fällen – durch Umwandlung für andere Zwecke möglich sein. Da und dort sogar sind Abbrüche zustande gekommen.» Mit diesen Worten kommentierte Armin Meili, bekannter Architekt der Landesausstellung 1939, in seinem Bericht «Bauliche Sanierung von Hotels und Kurorten» zuhanden des Bundesrats 1945 die Lage der einst berühmten Grand Hotels in der Schweiz. Im 1876 eröffneten Grand Hotel in Baden, das mit Kriegsausbruch vom Bund requiriert worden war, hatte man bereits im August 1944 die Sprenglöcher gebohrt und das einstige Flaggschiff des Kurorts in einer gross angelegten Luftschutzübung dem Erdboden gleichgemacht. Nur wenige Jahre später wurde der Gipfel auf Rigi-Kulm geräumt, der Hotelpalast aus dem Jahr 1875 durch einen gesichtslosen Neubau ersetzt.

Welch ein Kontrast zum heutigen Erfolg von historischen Hotelbauten, wie die Website von Swiss Historic Hotels eindrücklich zeigt. Das Kurhaus Bergün beispielsweise war 1949 von einem grossen Brand betroffen, stand kurz vor dem Abriss und steht heute als glanzvolles Beispiel von Hotelbauten aus der Gründerzeit da. Die Renaissance der «alten Kästen» ist eine mittlerweile bald dreissigjährige Erfolgsgeschichte. 1995 trafen sich Fachleute aus Tourismus, Hotellerie und Denkmalpflege im Schweizerhof in Luzern zu einer Tagung über die Zukunft der in die Jahre gekommenen Hotelbauten, die das Gesicht der touristischen Schweiz über hundert Jahre geprägt hatten. Dies gab den Anstoss einerseits zu Forschung über die Bauten, die in der Folge stark durch den Architekturhistoriker Roland Flückiger-Seiler vorangetrieben wurde. Gleichzeitig entstanden aber auch Konzepte für die sanfte Sanierung und Inwertsetzung der Häuser, verbunden mit neuen touristischen Angeboten. 1997 wurde von ICOMOS Schweiz erstmals der Preis für das «Historische Hotel und Restaurant des Jahres» vergeben. So konnte ein neues Image für die historischen Häuser aufgebaut werden, ein Image, das auch eine zahlende Klientel anzog. Authentizität steht vor Luxus, historische Richtigkeit vor Bequemlichkeit. Das heutige Angebot von Swiss Historic Hotels umfasst denn auch vom einfachen Gasthof wie dem Türmlihus in Fideris bis zum luxuriösen Hotel Waldhaus in Sils-Maria ein breites Spektrum.

Die meisten Grand Hotels in der Schweiz entstanden in der Zeit zwischen 1870 und 1910. Sie markieren den Höhepunkt des Tourismus in der Schweiz, in dem vor allem die Alpen zum wichtigsten Sehnsuchtsort einer internationalen Kundschaft wurde.

Die «alten Kästen» verschwinden: das Trümmerfeld des Grand Hotel Baden nach der Sprengung im August 1944. Rechts das Hotel Schreiber auf Rigi-Kulm, um 1952 bereits zur Hälfte abgebrochen.

Wie heute ein Kreuzfahrtschiff boten die Grand Hotels eine eigene Welt inklusive Rundumversorgung der Gäste. Der Tourismus in den Alpen hatte sich im letzten Viertel des 19. Jahrhunderts rasant ausgebreitet. Aus vorerst einfachen Berghäusern und Gasthäusern wuchsen grössere Hotels bis hin zu den Grand Hotels. Dieser Entwicklung vorausgegangen war die Etablierung einer eigentlichen Tourismusindustrie seit dem Beginn des Jahrhunderts. Tourismus hiess vor 1800 in erster Linie die Fahrt zur Kur. Die Heilbäder waren Anziehungspunkte für Leute, die sich eine solche Reise und meist einen mehrwöchigen Aufenthalt leisten konnten. Gegen Mitte des 19. Jahrhunderts investierten innovative Hoteliers in attraktive Lagen an Seen wie dem Genfer- oder Vierwaldstättersee. Der Tourismus begann sich von den Heilbädern zu emanzipieren, die Beliebtheit der neuen Reiseziele hing nicht mehr vom Vorhandensein gesundmachender Quellen ab. Die gute Luft und das fantastische Panorama reichten aus. Gegen Ende des 19. Jahrhunderts kam, angetrieben von den englischen Gästen, die sportliche Betätigung hinzu.

Der Ausbruch des Ersten Weltkriegs brachte diese goldene Zeit abrupt zum Stillstand. Viele Hotels konnten sich in der Zwischenkriegszeit mehr schlecht als recht wieder aufrappeln. Mit dem Zweiten Weltkrieg kam an vielen Orten das definitive Ende. Die Konzepte der Jahrhundertwende taugten auch nicht mehr für den sich nach 1950 entwickelnden Massentourismus des Wirtschaftswunders. So wurden viele Flaggschiffe der Gründerzeit abgerissen oder Opfer von mutwillig gelegten Bränden. Die ambitionierten Tourismuskonzepte der 1970er-Jahre fanden ohne die «alten Kästen» statt – jedenfalls bis zur Renaissance nach der Jahrtausendwende. bm

Roland Flückiger-Seiler
Hotelträume zwischen Gletschern und Palmen. Schweizer Tourismus und Hotelbau 1830–1920.
Baden 2002.

Roland Flückiger-Seiler
Hotelpaläste zwischen Traum und Wirklichkeit. Schweizer Tourismus und Hotelbau 1830–1920.
Baden 2003.

Roland Flückiger-Seiler
Berghotels zwischen Alpweide und Gipfelkreuz. Alpiner Tourismus und Hotelbau 1830–1920.
Baden 2015.

Florian Müller
Das vergessene Grand Hotel. Leben und Sterben des grössten Badener Hotels 1876–1944.
Baden 2016.

Roland Flückiger-Seiler,
Corina Lanfranchi,
Giaco Schiesser
Kurhaus Bergün. Der Traum vom Grand Hotel.
Zürich 2021.

Andrea Schaer
Willkommen im Garten Eden. Die Bäder von Baden.
Zürich 2022.

KULTUR – ZWISCHEN HARTEM PFLASTER UND MUSEUMS-ELDORADO

Als Sohn jüdischer Eltern 1887 in der südrussischen – heute ukrainischen – Stadt Nikolajew geboren, zeigte Alexander Schaichet früh musikalisches Talent. Er besuchte ein Musikgymnasium in Odessa und studierte ab 1906 in Leipzig Geige. 1913 erhielt er am neu gegründeten Konservatorium in Jena eine Professur. Im Jahr darauf reiste er im Sommer in die Schweiz, um einige Tage in den Bergen zu verbringen und in den Kurorten zu spielen. Der Ausbruch des Ersten Weltkriegs verhinderte seine Rückkehr nach Deutschland. Schaichet fand sich in der Rolle eines Staatenlosen ohne Papiere in Zürich wieder und machte das Beste daraus. Rasch fand er zu einem neuen Leben, das weiterhin von der Musik geprägt war. So trat er schon bald in der Tonhalle auf, und in seiner Pension an der Kasinostrasse lernte er die ungarische Pianistin Irma Löwinger kennen. Die beiden heirateten und verbrachten ihr Leben mit der Musik, spielten, erteilten Unterricht. 1920 gründete Schaichet das erste Kammerorchester der Schweiz. Eine Pioniertat, welche die Fremdenpolizei wenig interessierte: Assimilationswille und Finanzierungsnachweise waren wichtiger, weshalb sie die Einbürgerungsgesuche des «Ostjuden» 1920 und 1925 ablehnte. 1927 klappte es endlich. Und mehr als 25 Jahre später erkannten die Verantwortlichen der Stadt Zürich doch noch die aussergewöhnlichen Leistungen des Künstlers und zeichneten Alexander Schaichet 1953 und 1962 für «seine Verdienste um das musikalische Schaffen» aus.

Geht es um die Musik, dann war die Schweiz für Kunstschaffende schon immer ein hartes Pflaster. Weltberühmte Komponisten klassischer Musik hat das Land nicht hervorgebracht. Es hatte keine höfische Kultur, keine Könige und Fürsten als Mäzene, keine prunkvollen Aufführungsorte. Wer kennt noch den in Lachen und Schwyz aufgewachsenen Joachim Raff (1822–1888), Komponist von fünf Opern, elf Symphonien und unzähligen weiteren Werken?

Ende des 19. Jahrhunderts war er einer der gefragtesten Komponisten im deutschen Sprachraum. Ins grosse Repertoire hat er es dennoch nicht geschafft, ebenso wenig wie der ausserordentliche und zumindest in der Schweiz noch einigermassen präsente Othmar Schoeck (1886–1957). Ende des 20. Jahrhunderts gelangten dann doch noch zwei Schweizer Musiker zu Weltruhm – wenn auch mit anderen Klängen: 1987 gewann mit dem Harfenisten und Komponisten Andreas Vollenweider der erste Schweizer einen

Gardi Hutter bei einem Auftritt als tapfere Hanna im Schweizerischen Nationalratssaal während der Frauensession von 1991.

Grammy und DJ BoBo alias René Peter Baumann wurde mit bisher zehn World Music Awards ausgezeichnet.

Bei der Aufführungs- und Ausstellungspraxis sieht es anders aus. Da kann die Schweiz seit dem Bau von Opernhäusern, Konzertsälen, Theatern und Museen im 19. Jahrhundert auf hohem Niveau mithalten. Dass das Opernhaus Zürich 1834 als «Actientheater» gegründet wurde und bis heute eine AG ist, ebenso wie das Schauspielhaus Zürich, erzählt etwas über den Geist der Limmatstadt, auch wenn mittlerweile Stadt und Kanton den Grossteil der Produktionen an den beiden Häusern finanzieren.

Das eingangs geschilderte Schicksal von Alexander Schaichet war nur eines von vielen. Es zeigt, wie das Kulturleben der Schweiz auf vielfältige Weise von der Verschonung in den beiden Weltkriegen profitierte, weil sich hier zahlreiche kreative Köpfe sammelten. So gründeten Exilanten 1915 die künstlerische Dada-Bewegung in Zürich. Und ab 1933 kam eine wahre Welle renommierter Künstlerinnen und Literaten auf der Flucht vor Nazideutschland ins Land. 1938 leitete Arturo Toscanini ein Galakonzert in Tribschen, das als Keimzelle der Internationalen Musikfestwochen (heute Lucerne Festival) gilt. Das Schauspielhaus Zürich erlebte Glanzzeiten als letzte freie deutschsprachige Bühne. Deutsche Emigranten spielten und führten Regie, mehrere Stücke von Bertolt Brecht erlebten in Zürich ihre Uraufführung. Thomas Mann, Robert Musil, James Joyce und Else Lasker-Schüler suchten Zuflucht in der Schweiz.

Umgekehrt sahen so manch talentierte Schweizerinnen und Schweizer seit jeher nur eine Chance: Sie mussten raus aus dem Land, um berühmt zu werden. In «Jüdischer Kulturraum Aargau» wird die Geschichte von Hollywoodregisseur William Wyler (1902–1981) erzählt. Er war der Sohn eines Endinger Kaufmanns und fand sein Glück in der Traumfabrik. Auch die bekannteste Clownin der Welt, die Ostschweizerin Gardi Hutter, ging nach Abschluss der Schauspielschule in Zürich nach Italien, wo sie ihr Leben einige Jahre mit Auftritten auf der Strasse und in Kleintheatern bestritt. 1981 gelang ihr als unförmige Wäscherin Hanna der Durchbruch in Mailand. Es folgte eine internationale Karriere, die ihresgleichen sucht und ohne den Schritt ins Ausland kaum denkbar gewesen wäre.

Doch in einem kulturellen Feld ist die Schweiz unübertroffen: Nirgends gibt es so viele Museen auf so engem Raum. Das ist kein Zufall, spiegelt es doch die wirtschaftliche Stärke und kleinteilige Organisation des Landes wider. Und so ist die Schweiz Weltmeisterin in der Bewahrung des kulturellen Erbes. 1081 Museen (Stand 2021) gibt es hierzulande, 77 Millionen Objekte werden aufbewahrt, ausgestellt, studiert und bekannt gemacht. Es ist eine enorme Fülle. Auf 8000 Einwohnerinnen und Einwohner kommt ein Museum – ein internationaler Spitzenwert. Beim kulturell versierten Nachbarn Deutschland sind es 12 000. Die Vielfalt der Schweizer Museen ist umwerfend, ihre thematischen Schwerpunkte reichen von Kunst, Geschichte und Natur über Kommunikation und Verkehr bis zum Bergbau und Chaplin's World am Genfersee.

Bei Hier und Jetzt sind so viele Titel zum Thema Schweizer Kultur und zur Schweizer Museumslandschaft erschienen, dass hier nur eine Auswahl folgt. Fest steht: Das Museum lebt und die Bewahrung des kulturellen Erbes in Buchform ebenso. ds

Roger Fayet
Im Land der Dinge.
Museologische Erkundungen.
Baden 2005.

Silvia Bolliger, Felix Gfeller, Stefan Gfeller
Circus Monti – Zuhause unterwegs.
Baden 2009.

Daniele Muscionico (Hg.)
himmelaufreissen. Theater M.A.R.I.A./Marie und die freie Theaterszene in der Schweiz.
Baden 2009.

Roland Früh, Gina Lisa Bucher
Sonntagsfreuden. Hefte 1–6.
Baden 2008. Hefte 7–12.
Baden 2011.

Jean Steinauer
Skulptur 1500. Freiburg im Herzen Europas.
Baden 2011.

Karin Janz
Säen, dröhnen, feiern. Lebendige Traditionen heute.
Baden 2013.

Marc Valance
Die Schweizer Kuh. Kult und Vermarktung eines nationalen Symbols.
Baden 2013.

Bundesamt für Kultur, Verband der Schweizer Museen et al. (Hg.)
Lebendige Traditionen ausstellen (Bd. 1). Lebendige Traditionen in der urbanen Gesellschaft (Bd. 2).
Baden 2015.

Roger Fayet
Die Logik des Museums. Beiträge zur Museologie.
Baden 2015.

Thomas Schärer, Verein Zürich für den Film
Kultur, Geld und Interessen. Filmpolitik in Zürich.
Baden 2016.

Regula Schmid
BOSCO. Fritz Boscovits und der Nebelspalter.
Baden 2017.

Aargauer Kuratorium
Sauerstoff für Kunst und Kultur. 50 Jahre Kulturgesetz und Kuratorium im Aargau.
Baden 2019.

Esther Girsberger, Irene Forster
Zivilstand Musiker. Alexander Schaichet und das erste Kammerorchester der Schweiz.
Baden 2020.

Jacques Picard, Angela Bhend (Hg.)
Jüdischer Kulturraum Aargau.
Baden 2020.

Denise Schmid
Trotz allem. Gardi Hutter.
Zürich 2021.

Vereinigung der Walliser Museen
Reise durch die Walliser Museumslandschaft.
Baden 2021.

Bettina Giersberg
Die Kunst der Imitation. Glarner Textildruck.
Zürich 2022.

Bertha Züricher
«Aus dem Kaleidoscop meines Lebens». Autobiografie einer Berner Malerin. Herausgegeben von Matthias Fischer.
Zürich 2022.

Adrian Knoepfli
Roshardt und Roshardt. Zwei Leben für die Kunst.
Zürich 2023.

Felix Studinka
Dolder. Ein Haus und sein Quartier.
Zürich 2023.

WAS WÄRE, WENN ...
DIE HABSBURGER AUSGESTORBEN WÄREN?

Was wäre gewesen, wenn? Kontrafaktische Geschichtsschreibung ist in der Wissenschaft zu Recht verpönt. Aber als Gedankenexperiment kann sie durchaus Erkenntnisgewinn schaffen für die Analyse einer bestimmten historischen Situation. Am Beispiel der generativen Situation der Habsburger in den späten 1330er-Jahren kann dies veranschaulicht werden. Mit generativ ist hier gemeint, dass das Fortbestehen der einflussreichen Geschlechter im Mittelalter mitunter an einem seidenen Faden hing. Die Habsburger wären damals beinahe ausgestorben – aber eben nur beinahe.

Mit der Wahl von Rudolf von Habsburg zum König des Heiligen Römischen Reichs 1273 gelangte die elsässisch-aargauische Adelsfamilie auf einen Schlag in das Umfeld der Reichsfürsten. Sie wurden zwar nicht Königswähler, Rudolf konnte aber mit der Verleihung der Herzogtümer Österreich und Steiermark an seine Söhne 1282 einen gewaltigen Machtzuwachs für die Familie erreichen. Rudolf hatte zehn anerkannte Kinder. Von den Söhnen hatte lediglich Albrecht Nachkommen, die selbst wieder Kinder hatten. Albrechts Bruder Rudolf starb früh, dessen Sohn Johann von Schwaben spielte als Königsmörder eine unrühmliche Rolle in der Familie und verstarb ohne nachweisliche Nachkommen.

Von Albrecht und seiner Frau Elisabeth von Tirol sind zwölf Kinder bekannt, die nicht gleich bei der Geburt starben. Die grosse Nachkommenschaft von Albrecht dünnte aber in den folgenden Jahrzehnten aus: Sohn Rudolf verstarb als König von Böhmen schon 1307 (ohne männliche Nachkommen), Friedrich der Schöne wiederum 1330, sein einziger Sohn war ebenfalls schon in jungen Jahren gestorben. Leopold I. hatte keine männlichen Nachkommen und verstarb 1326. Heinrich (verstorben 1327) blieb ebenfalls ohne Söhne. Auch Otto der Fröhliche kam 1339 ums Leben; er hinter-

Johanna von Pfirt (unten links) und Herzog Albrecht II. von Habsburg (unten rechts) als Stifter des Johannes-Katharina-Fensters in der Klosterkirche Königsfelden, in der Mitte die Heilige Elisabeth von Thüringen.

liess zwei Söhne im Kleinkindalter, die beide früh starben. Übrig blieb Albrecht II.: Er hatte sich 1324 mit Johanna von Pfirt verheiratet, die beiden blieben jedoch 15 Jahre lang kinderlos. Albrecht wurde wahlweise als der Lahme oder der Weise bezeichnet. Er hatte eine Krankheit, wohl Polyarthritis, die ihn stark einschränkte. Es grenzte daher an ein Wunder, dass der 41-jährige Albrecht und die 39-jährige Johanna 1339 doch noch Eltern eines Sohnes (Rudolf der Stifter) wurden. In den folgenden Jahren kamen sogar noch weitere fünf Kinder zur Welt, bis Johanna 1351 als über 50-Jährige (!) im Kindbett verstarb. Die beiden letzten Nachkommen, Albrecht III. (1349) und Leopold III. (1351), wurden zu den Stammvätern der Albertinischen und Leopoldinischen Linie. Aus letzterer stammt schliesslich die ganze, bis heute in die weite Welt verstreute Habsburger Familie ab. Wie Albrecht und Johanna nach 15-jähriger Kinderlosigkeit und in recht hohem Alter noch Eltern werden konnten, bleibt ein Rätsel der Geschichte. War vielleicht ein Ersatzvater oder eine Ersatzmutter im Spiel?

Albrecht II. verstarb schliesslich im Jahr 1358. Die Frage stellt sich, wer, wenn diese verspätete Kinderschar nicht gewesen wäre, Anspruch auf die habsburgischen Länder gehabt hätte. Wir sprechen von ansehnlichen Gebieten im heutigen Schweizer Mittelland, in Süddeutschland und dem Elsass. Dazu kommen die viel grösseren Territorien, die nördlich von Wien beginnen und hinab in den Süden über die Steiermark und Kärnten bis in die Krain im heutigen Slowenien reichen.

Wäre bei einer Kinderlosigkeit Albrechts II. womöglich seine einflussreiche ältere Schwester Agnes als Regentin zum Zug gekommen? Sie war allerdings bereits fast achtzig Jahre alt, als er starb. Hätten die «armen Verwandten», die Habsburg-Laufenburger, Ansprüche stellen können, vor allem in den vorländischen Stammlanden? Oder hätten andere Adelshäuser – über weibliche Verwandtschaftsbeziehungen – Ansprüche angemeldet? Zum Beispiel die bayerischen Wittelsbacher, die mit den Habsburgern verschwägert waren? Das wahrscheinlichste Szenario wäre wohl gewesen, dass Kaiser Karl IV. versucht hätte, die Herzogtümer Österreich, Steiermark und Kärnten wieder zuhanden des Reichs und seiner Familie einzuziehen. Dabei hätte er sich auf seine böhmische Verwandtschaft berufen können, war doch sein Grossvater Wenzel II. König von Böhmen und seine Grossmutter Guta eine Tochter von König Rudolf von Habsburg gewesen. So wäre das böhmische Grossreich achtzig Jahre nach der Niederlage von

Ottokar gegen Rudolf von Habsburg doch noch Tatsache geworden. Und wer weiss, vielleicht hätte damit die erstarkende Eidgenossenschaft in den habsburgischen Stammlanden schon früher
eine grössere Rolle spielen können. bm

Argovia 120. Jahresschrift der
Historischen Gesellschaft des
Kantons Aargau.
    Baden 2008.

Bruno Meier
Ein Königshaus aus der
Schweiz. Die Habsburger, der
Aargau und die Eidgenossen-
schaft im Spätmittelalter.
    Baden 2008.

DIE LETZTE HUNGERSNOT IN DER SCHWEIZ – ODER VON ARMUT UND MIGRATION

«Sieben kleine Kinder, wovon das Älteste zwölf Jahre alt, das jüngste drei [...], sassen um einen Tisch herum und assen eine Schwümmlisuppe, welche aus nichts anderem bestand als gelbem Holzschwamm und gekochtem Wasser. Diese Schwümmli werden im Wald gesammelt und ohne Mehl und Schmalz gekocht. Der Hausvater, ein abgemagerter Mann mit so furchtbar aufgeschwollenen Beinen, dass er gar nicht mehr arbeiten kann, sass auf dem Ofen und weinte für seine kleinen Kinder, weil er [...] glaubte, sie müssten im künftigen Winter verhungern, da die Kartoffeln wieder nicht gedeihen wollten. Sämtliche Kinder, [ausgenommen das] Jüngste, fingen nach dem Essen an Stroh zu flechten, verdienen aber sehr wenig. Das verdiente Geld wird für Mehl [aus]gegeben, welches dann ans Kraut getan wird.» Als Kraut gekocht und gegessen wurden Ringelblumen, Haferwurzeln und Brennnesseln. Seit Wochen hatten die Kinder keinen Bissen Brot mehr gehabt.

Die anschauliche Schilderung stammt aus einem Bericht an den Regierungsrat Aarau von 1854. Ursula Maurer eröffnet damit ihr Buch «Hungerland». Sie berichtet darin von der letzten Hungersnot der Schweiz im abgelegenen Ruedertal Mitte des 19. Jahrhunderts. Die Gründe dafür waren vielfältig und reichten von Missernten aufgrund der Kartoffelfäule über fehlende Arbeitsmöglichkeiten, niedrige Löhne bis zum Krimkrieg von 1855, infolgedessen keine Getreidelieferungen mehr aus Südrussland in die Schweiz gelangten. Alternativ lieferten die USA Getreide, das jedoch sehr viel teurer war.

Wer konnte, wanderte aus. Zwischen 1815 und 1914 taten das fast eine halbe Million Schweizerinnen und Schweizer. Mehr als siebzig Prozent davon wagten die Emigration in die USA, meist auf der Suche nach einem besseren Leben. Die Schweiz war lange ein armes Land, ein Auswanderungs-, aber auch ein Einwanderungsland. Migration ist Teil ihrer Geschichte, sie gab es immer schon. Ina Boesch zeigt das exemplarisch in «Schauplatz Avers»: Im abgelegenen Bündner Tal wurden die fehlenden Landarbeiter durch Zuwanderer aus dem Süden ersetzt. Karg blieb das Leben dennoch, vor allem in solch entlegenen Gebieten.

Das Wirtschaftswunder nach dem Zweiten Weltkrieg kam nicht sofort und auch nicht bei allen an. Alexander Grass berichtet in «Grenzland Tessin» über eine Untersuchung, die 1950 vom Kanton Tessin durchgeführt wurde. Paolo Regazzoni, Vorsteher des Kantonalen Labors für Hygiene, suchte mit seinen Leuten 21 387 Haus-

Eine Familie vor einem strohgedeckten Speicher in der Gemeinde Schmiedrued im Aargauer Ruedertal, wohl gegen Ende des 19. Jahrhunderts.

halte auf und erfasste deren Zustand. Es ging um die hygienischen Verhältnisse der Behausungen in den ländlichen Seitentälern. Regazzonis Bericht lese sich wie eine «Röntgenaufnahme der sozialen Verhältnisse im Tessin der 1950er-Jahre», schreibt Grass. So heisst es im Bericht: «Neun Zehntel aller Wohnungen hatten weder Dusche noch Bad. In 174 von 246 Gemeinden gab es keine Kanalisation, und nur in jeder zehnten Gemeinde existierte eine Abfallentsorgung. Häufig befanden sich Ställe für Schweine, Hühner und andere Tiere in nächster Nähe zu den Wohnungen. Gemeinde für Gemeinde wurde die Belegung der Schlafzimmer aufgelistet, Zimmer, die eigentlich eher Kammern waren, meist mit tiefen Decken, schlechtem Licht und manchmal feucht. Am häufigsten waren die Zweizimmerwohnungen, in denen meistens sechs Personen untergebracht waren. Eine typische Dreizimmerwohnung war mit acht Personen besetzt. In neun Prozent aller Fälle war der Zustand der Küche oder der Schlafräume unannehmbar. Die Zustände seien erbärmlich, betroffen seien kinderreiche Familien in baufälligen Häusern.»

Da Armut lange Zeit als selbst verschuldet galt, versuchten die zuständigen Gemeinden, uneheliche Kinder, Verwaiste und Verwahrloste vom 19. bis weit ins 20. Jahrhundert hinein bei Pflegefamilien zu platzieren. Ziel dieser Praxis war es, die Armut zu bekämpfen und die zuständigen Gemeinden finanziell zu entlasten. Viele der sogenannten Verdingkinder arbeiteten auf Bauernhöfen, wurden wenig ins Familienleben integriert, erfuhren Willkür und oft auch Missbrauch. Die diskriminierenden Erlebnisse wirkten häufig das ganze Leben nach. Erst nach der Jahrtausendwende rückte das Thema endlich ins Licht der Öffentlichkeit.

Je nach Rangliste zählt die Schweiz heute zu den reichsten Ländern der Erde und steht bezüglich Bruttosozialprodukt pro Kopf auf Platz 3 (2022). Armut gibt es allerdings weiterhin; Ranglisten erzählen nie die ganze Geschichte. Laut Bundesamt für Statistik sind in der Schweiz 8,7 Prozent der Wohnbevölkerung von Armut betroffen; das sind 745 000 Personen (2021). Darunter fallen 157 000 Erwerbstätige, deren Einkommen nicht zum Leben reicht.

Die Armut hat in der modernen Konsumgesellschaft ein anderes Gesicht als 1850 im Ruedertal. Wassersuppe mit Schwümmli aus dem Wald muss niemand mehr essen, Plumpsklos, fehlende Kanalisation oder Abfallentsorgung sind ebenfalls Geschichte. Zu schaffen machen heute etwa eine mangelhafte Ernährung durch ungesunde Kost oder fehlendes Geld für die Krankenkassenprämie, den Zahnarztbesuch, für Bildung und Hobbys. Staatliche und private Unterstützung sind zwar besser organisiert als einst, aber das Stigma, in der Defensive und auf Almosen angewiesen zu sein, bleibt sich gleich. Armut betrifft auch in der reichen Schweiz immer noch mehr Menschen, als man meinen könnte. ds

Peter Michael Caflisch
Hier hört man keine Glocken.
Geschichte der Schamser
Auswanderung nach Amerika
und Australien.
Baden 2008.

*Lea Mani, Marco Leuenberger,
Loretta Seglias*
«Die Behörde beschliesst» –
zum Wohl des Kindes? Fremd-
platzierte Kinder im Kanton
Bern 1912–1978.
Baden 2011.

Max Baumann
Ich lebe einfach, aber froh.
Erfolge und Misserfolge von
Schweizer Ausgewanderten
in Amerika.
Baden 2012.

Lisbeth Herger, Heinz Looser
Zwischen Sehnsucht und
Schande. Die Geschichte
der Anna-Maria Boxler
(1884–1965).
Baden 2013.

Ernst Guggisberg
Pflegekinder. Die Deutschschweizer Armenerziehungs-
vereine 1848–1965.
Baden 2016.

Lisbeth Herger
Unter Vormundschaft. Das ge-
stohlene Leben der Lina Zingg.
Baden 2016.

Ursula Maurer
Hungerland. Armut und
wirtschaftliche Not im Ruder-
tal um 1850.
Baden 2016.

Lisbeth Herger
Lebenslänglich. Briefwechsel
zweier Heimkinder.
Baden 2018.

*André Holenstein, Patrick
Kury, Christina Schulz*
Schweizer Migrationsge-
schichte von den Anfängen bis
zur Gegenwart.
Baden 2018.

Lisbeth Herger
Moralisch defekt. Pauline
Schwarz zwischen Psychiatrie
und Gefängnis.
Baden 2020.

*Caroline Bühler, Heinz Kräu-
chi, Fredi Lerch, Katrin
Rieder, Tanja Rietmann*
Knabenheim «Auf der Grube».
188 Jahre Zwangserziehung,
Innenblicke und Aussenblicke.
Zürich 2022.

Ina Boesch
Schauplatz Avers. Geschichten
einer Landschaft.
Zürich 2023.

Alexander Grass
Grenzland Tessin.
Zürich 2023.

WIE KARTEN DIE FANTASIE BEFLÜGELN

«Die Macht der Karten» – so lautet der Titel der Einleitung von François Walter zum Historischen Atlas der Schweiz: «Karten fixieren Informationen, kartieren Orte, zeichnen Territorien.» Das heisst auch, dass, sobald Karten via Buchdruck eine grössere Verbreitung fanden – zu Massenmedien wurden –, sie auch als Mittel der Macht eingesetzt werden konnten. Der Zürcher Johannes Stumpf hat in seiner Schweizer Karte Mitte des 16. Jahrhunderts erstmals Grenzen der Eidgenossenschaft eingezeichnet. Dies in einer Zeit, in der dieses lockere Staatengebilde mehr und mehr auch von den europäischen Mächten als staatlicher Gegenpart wahrgenommen wurde.

Karten werden in der Regel nach grösseren politischen Veränderungen neu gezeichnet. Der Zerfall von Jugoslawien und die Balkankriege der 1990er-Jahre sind beredte Zeugnisse davon. Neue Machthaber brauchen visuelle Beweismittel ihrer Existenz. Karten ermöglichen dies, indem sich mit ihnen politische Ansprüche untermauern lassen. Als Napoleon seine Truppen 1798 in die heutige Schweiz einmarschieren liess, waren die Kartografen im militärischen Tross dabei. Sie begannen umgehend, das Land zu vermessen und gaben den Anstoss für die Kartografierung der Schweiz, auf die wir heute so stolz sind. Karten waren und sind auch wichtige Planungs- und Informationsträger des Militärs. Die Satellitenaufklärung Grossbritanniens und der USA im Ukrainekrieg ist quasi die technologische Fortsetzung davon.

Ein historischer Atlas im Heute versammelt und vermittelt aktuell vorliegende wissenschaftliche Informationen zu einem neuen Bild, er übersetzt Daten in eine bildliche Form. Die historische Karte hingegen hat neben ihrer politischen auch eine visuelle Funktion. Sie ist mehr als eine Anordnung von Punkten, Linien und Flächen. Kartografie ist letztlich auch eine Kunst. Diccon Bewes hat dafür in seinem Werk «Mit 80 Karten durch die Schweiz» den Beweis angetreten. Die visuelle Funktion der Karte wird bereits in der ältesten Karte der Schweiz augenfällig. Darauf setzte der Einsiedler Mönch Albrecht von Bonstetten 1479 die Rigi ins Zentrum – statt wie damals üblich Jerusalem – und gruppierte die ganze Welt darum herum. Den blauen Erdkreis füllte er lustigerweise mit gelben Sternen aus. Woher hat wohl die Europäische Union die Idee für ihre Flagge, könnte man sich fragen. Die 17 Sterne auf der spätmittelalterlichen Karte reichen allerdings nicht mehr für die heutige EU.

Die mächtigen Stadtstaaten der Eidgenossenschaft stellten sich auf Karten aus der Zeit um 1700 mit und in ihren Wappentieren

Die älteste Karte der Schweiz des Einsiedlers Albrecht von Bonstetten mit der Rigi im Zentrum, 1479. Rechts die Zürcher Karte von Johann Heinrich Streulin, die den Stadtstaat 1698 als Löwenkopf präsentiert.

dar. Die Zunge des Löwenkopfs wird so zum Zürichsee, Stein am Rhein zu einer Haartolle seiner Mähne. Ähnlich der Berner Bär, der seine Tatzen besitzergreifend Richtung Oberland ausstreckt, dessen Herz in der Stadt Bern schlägt, dessen Gehirn den Berner Aargau ausmacht und die Waadt den fetten Hintern.

Die Weiterentwicklung der Karte ist das Relief, für das die Schweiz herausragende Beispiele hervorgebracht hat. Mutter aller Reliefs ist dasjenige von Franz Ludwig Pfyffer, das den Raum des Vierwaldstättersees und somit die «Wiege der Eidgenossenschaft» abbildet. Das Relief, das heute im Gletschergarten in Luzern gezeigt wird, stellte man 1786 fertig. Zeitgleich brachte es Souvenirbilder hervor, gleichsam die Vorläufer der touristischen Panoramakarten. Die Karte zum Weg der Schweiz von 1991, der Wanderroute entlang des Urnersees, ist quasi ein spätes Nachfolgeprodukt, erzählt aber immer noch die gleiche Geschichte.

Im 19. Jahrhundert beginnt sich die Kartografie im Zug der Landesvermessung zu professionalisieren, sie wird präziser. Sie basiert auf der sich entwickelnden Statistik, auf eidgenössischer Ebene angestossen vom Statistikpionier und ersten Tessiner Bundesrat Stefano Franscini und durchgeführt vom Kartografen und General Henri Dufour. Sie dient der Planung des Eisenbahnnetzes, hundert Jahre später jener des Autobahnnetzes. Karten zeigen nun die Vernetzung der Schweiz mit der Welt. Das 1949 erstmals publizierte Fluglinienetz der Swissair brennt sich für Generationen von Schweizerinnen und Schweizern im visuellen Gedächtnis ein.

Und letztlich können Karten auch Visionen formulieren. Das betrifft nicht nur reale Projekte, die nie umgesetzt wurden, wie zum Beispiel eine Alpentransversale über und durch den Lukmanier. Vielmehr kann die Kartografie auch die Schweiz neu zeichnen, zum Beispiel mit 13 statt 26 Kantonen. Oder sie kann eine Schweiz mit allen ehemals zugehörigen und zugewandten Orten zeigen: Aus der «Säulischweiz» würde so mit der Freigrafschaft Burgund, Hochsavoyen, dem Val d'Ossola, Vorarlberg und dem Veltlin ein eher unförmiges Gebilde. Der Fantasie sind in jedem Fall keine Grenzen gesetzt. bm

Toni Mair, Susanne Grieder
Das Landschaftsrelief.
Symbiose von Wissenschaft
und Technik.
Baden 2006.

Martin Rickenbacher
Napoleons Karten der
Schweiz. Landesvermessung
als Machtfaktor 1798–1815.
Baden 2011.

Diccon Bewes
Mit 80 Karten durch die
Schweiz. Eine Zeitreise.
Baden 2015.

*Marco Zanoli,
François Walter*
Historischer Atlas der
Schweiz.
Zürich 2022.

VON DER GÖTTLICHEN ZUR IRDISCHEN ORDNUNG

2017 kam der Film «Die göttliche Ordnung» in die Kinos. Die Jüngeren staunten, wie bieder und verbohrt die Haltung zum Thema Frauenstimmrecht 1971 in der Schweiz war. Die Älteren nickten wissend. Man lachte gemeinsam über so manch borniertes Argument, wie beispielsweise, dass es doch genüge, wenn der Mann an die Urne gehe.

123 Jahre lang mussten die Schweizerinnen auf dieselben politischen Rechte warten, welche die Männer sich mit der Verfassung von 1848 gegeben hatten. «Die ‹älteste Demokratie der Welt› blieb bis 1971 eine halbe Demokratie» schreiben daher Brigitte Studer und Judith Wyttenbach in ihrem Buch zum Frauenstimmrecht.

Dabei wurde der Unterdrückungsmechanismus schon früh durchschaut. Die 1808 geborene Julie von May von Rued publizierte 1872 zur Verfassungsrevision ihre wichtigste Schrift «Zur Frauenfrage in der Schweiz». Darin heisst es: «Die Wiege aller europäischen Freiheit und Gleichheit, die Schweiz, hält ihre Töchter enteigneter und geknechteter als keine der sie umringenden Monarchien; das mündigste Volk Europas betrachtet und behandelt seinen weiblichen Bestandtheil als das unmündigste Kind.» Die Autorin forderte nicht die politische, aber die privatrechtliche Gleichstellung der Geschlechter. Frauen hätten punkto Steuern und Strafrecht die gleichen Pflichten, aber nicht die gleichen Rechte. Sie sezierte die Willkür des föderalistischen Systems mit unterschiedlichen kantonalen Gesetzen, die schwankten «zwischen dem reinen Mittelalterthum der katholischen Alpenbevölkerung des Centrums und dem intellektuellen Vorleuchter und Voranschreiter unserer Tage, dem protestantischen Genf». Verheiratete Ehefrauen konnten in Genf damals über ihr eigenes Vermögen verfügen.

Lange Zeit gab es zwischen Befürwortern und Gegnern des Frauenstimmrechts gleich mehrere zusätzliche Gräben: jenen zwischen Romandie und Deutschschweiz, jenen zwischen Stadt und Land sowie jenen zwischen Elite und Volk. Eine progressive, städtische, oftmals privilegierte Elite befürwortete die rechtliche Gleichstellung der Frauen. Die Opposition konzentrierte sich nicht nur, aber vorwiegend in der katholisch-konservativen, ländlichen Bevölkerung. Die Gemeindeversammlung wirkte als Forum der Selbstvergewisserung der Männer. Und die katholische Kirche lehnte das Frauenstimmrecht – als Verstoss gegen «die göttliche Ordnung» – bis nach 1945 vehement ab.

Im Zug der feministischen Sprachkritik der 1980er-Jahre verschwand die Anrede «Fräulein» unwiederbringlich. Die OFRA wurde 1977 als Teil der Frauenbefreiungsbewegung gegründet und löste sich 1997 auf.

Politische und rechtliche Institutionen machten auch keine gute Figur. Die Gründe, weshalb es bis zur Einführung des Frauenstimmrechts 1971 so lange dauerte, werden gern auf die direkte Demokratie zurückgeführt. So heisst es dann: Wäre in anderen Ländern abgestimmt worden, hätte die männliche Bevölkerung den Frauen die politischen Rechte auch nicht so früh (wie z.B. Deutschland 1918) zugestanden. Die politische Elite habe dort über die Köpfe der Männer hinweg zugunsten der Frauen entschieden. Diese Argumentation greift zu kurz, denn die Schweizer Politiker hätten es durchaus auch in der Hand gehabt, früher zu handeln und das Thema voranzutreiben, aber sie zögerten es lieber hinaus. Dem Bundesrat, den Räten und dem Bundesgericht fehlte schlicht der Wille, an den bestehenden Verhältnissen etwas zu ändern. Die Volkssouveränität der männlichen Bevölkerung wurde höher gewichtet als die in der Verfassung garantierte Gleichheit, und das Bundesgericht bestätigte diese Sichtweise mit seinen Entscheiden bis 1971.

Die SP setzte sich zwar ab 1912 für das Frauenstimmrecht ein, aber das Thema stand lange nicht zuoberst auf der Agenda. Für die Bürgerlichen war es ein «linkes Anliegen», also war man dagegen, und die Katholisch-Konservativen fürchteten sich geradezu davor. Die Frauenorganisationen waren sich in der Sache politisch uneinig und gespalten, nur der SFV (Schweizerische Verband für Frauenstimmrecht) war klar dafür. 1929 reichte er eine Petition ein, für die er 250 000 Unterschriften gesammelt hatte. Aber weil eine Petition allein keine politische Wirkung hat, verschwand sie in Bern in der Schublade.

Hans Oprecht, Präsident der Sozialdemokratischen Partei, reichte 1944 ein Postulat beim Bundesrat ein. Es sei zu prüfen, ob das Frauenstimm- und -wahlrecht nicht verfassungsrechtlich zu gewähren sei. Es vergingen 18 Monate, bis der Nationalrat darüber diskutierte – «wegen dringenderen Geschäften» – und es ablehnte. 1946/47 wurde in fünf Kantonen über das Frauenstimmrecht abgestimmt. Überall wurde es wuchtig verworfen. Bern konnte sich zurücklehnen, eine Volksbefragung auf Bundesebene hatte sowieso keinen Sinn.

Nach der ersten eidgenössischen Abstimmung 1959, die mit zwei Drittel Nein-Stimmen ausging, drehte der Wind. Die Schweiz geriet zunehmend international unter Druck. Die Frauen wurden lauter, organisierten 1969 einen «Marsch auf Bern», und in verschiedenen Kantonen gewährte man ihnen die Mitsprache. Zuerst im Kanton Waadt (1959), dann in Neuenburg (1959) und Genf (1960). In der politischen Botschaft zur Abstimmung von 1971 sprach der Bundesrat erstmals eine deutliche, klar befürwortende Sprache. Das wurde gehört. Es wäre auch schon früher möglich gewesen.

Aber auch nach 1971 mahlten die Mühlen weiterhin langsam, wie die fünf Essays in «Jeder Frau ihre Stimme. 50 Jahre Schweizer Frauengeschichte 1971–2021» zeigen. Es kamen zwar mehr frauenrelevante Themen auf die politische Agenda. Doch unzählige Demonstrationen, Volksinitiativen und Vorstösse brauchte es

dennoch. 1981 wurde die Gleichstellung in die Verfassung geschrieben, 1984 die erste Bundesrätin gewählt, 1987 ein modernes
Eherecht eingeführt. Gleiche Bildungschancen, eine Fristen-
lösung, die Mutterschaftsversicherung, die Ehe für alle: Was in den
1970er-Jahren utopisch schien, ist heute selbstverständlich.
Die irdische Ordnung setzte sich am Ende – unter zähem Ringen –
doch noch durch. ds

Bettina Vincenz
Biederfrauen oder Vorkämpfe-
rinnen? Der Schweizerische
Verband der Akademikerinnen
(SVA) in der Zwischenkriegs-
zeit.
Baden 2011.

*Kristina Schulz, Leena
Schmitter, Sarah Kiani*
Frauenbewegung – die
Schweiz seit 1968. Analysen,
Dokumente, Archive.
Baden 2014.

Denise Schmid (Hg.)
Jeder Frau ihre Stimme.
50 Jahre Schweizer Frauengeschichte 1971–2021.
Zürich 2020.

*Brigitte Studer,
Judith Wyttenbach*
Frauenstimmrecht. Histori-
sche und rechtliche Entwick-
lungen 1848–1971.
Zürich 2021.

BADENFAHRTEN – ODER ÜBER DIE ALTE HASSLIEBE ZWISCHEN BADEN UND ZÜRICH

Zürcherinnen und Zürcher kennen die Stadt Baden in der Regel nicht oder nur schlecht. Viele kennen aber die Badenfahrt, eines der grössten Feste der Schweiz, das ungefähr alle fünf Jahre stattfindet. Während eines solchen Fests ist die Stadt als solche allerdings kaum sichtbar, sie versteckt sich hinter einer gigantischen Festarchitektur. Umgekehrt ist es natürlich ganz anders: Badenerinnen und Badener kennen Zürich bestens, schätzen die Nähe der kleinen Grossstadt, viele arbeiten dort.

Die Badenfahrt als Fest ist eine jüngere, genau hundertjährige Erscheinung. Die Badenfahrt als Fahrt zur Kur hingegen ist ein Begriff, den man bereits im Spätmittelalter verwendete, war doch Baden zu jener Zeit eines der wichtigsten Heilbäder nördlich der Alpen. Das Verhältnis der beiden Städte ist heute sehr entspannt, historisch gesehen aber von vielen Konflikten und Misshelligkeiten geprägt.

Zürich, das erst in der zweiten Hälfte des 19. Jahrhunderts zur grössten Stadt der Schweiz wurde, hatte schon im 13. und 14. Jahrhundert eine Eigenständigkeit, die es zum wichtigen Part in der entstehenden Eidgenossenschaft werden liess. Baden war im ausgehenden 13. Jahrhundert Verwaltungsmittelpunkt der mittlerweile in Wien residierenden Habsburger geworden. Gleichzeitig hatten die Habsburger rund um Zürich wichtige Positionen inne. Es entwickelte sich eine machtpolitische Rivalität der beiden Orte. Aus der Zeit vor 1415 sind sicher ein halbes Dutzend Zürcher Raubzüge gegen Baden aktenkundig geworden. 1415 war Zürich vereint mit Bern erfolgreich und konnte die Stadt erobern, das Habsburger Schloss schleifen. Gleichzeitig waren die Zürcher und auch die Zürcherinnen immer gern gesehene Gäste in der Therme. Und Baden wurde zusätzlich zum Referenzort, da die Eidgenossen sich in der neu eingerichteten Herrschaft regelmässig trafen, die Tagsatzung war erfunden, notabene unter dem Vorsitz von Zürich.

Der machtpolitischen Bereinigung folgte gut hundert Jahre später die konfessionelle Divergenz. Baden, 1526 Austragungsort einer Religionsdisputation, an der Zwingli aus Angst vor einer Verhaftung fehlte, blieb dezidiert katholisch. Zürich verbot gleich zu Beginn der Reformation die beliebten Badenfahrten, musste aber umgehend wieder zurückrudern, die eigene Bevölkerung wollte weiterhin zur Kur fahren. Das freizügige Baden war dem sittenstrengen Zürich immer gleichzeitig Stein des Anstosses und Quell der Lebensfreude. Baden wurde in der konfessionell gespaltenen Eidgenossenschaft zum katholischen Bollwerk, verbot gar reformierte Gottesdienste für die Kurgäste. Im zweiten Villmergerkrieg 1712 konnte sich Zürich mit Bern schliesslich durchsetzen, schleifte die wieder aufgebaute Burg Stein ein zweites Mal und liess aus den Trümmern der Befestigungen eine reformierte Kirche bauen, die während Jahrzehnten fast nur von der Familie des jeweiligen Landvogts genutzt wurde.

Mit dem Zusammenbruch der Alten Eidgenossenschaft 1798 etablierte sich kurzzeitig ein Kanton Baden, der aber nicht lebensfähig war und 1803 im Aargau aufging. Ein Anschluss an Zürich war nicht zur Debatte gestanden. Und 1818 setzte ein Zürcher, David Hess, der Stadt ein Denkmal, das bis heute nachwirkt: sein Buch «Die Badenfahrt», eine Beschreibung seiner jährlichen Kur in Baden, die gleichzeitig ein tolles Geschichtsbuch ist. Mit Hess' «Badenfahrt» beginnt der Aufschwung des in die Jahre gekommenen Heilbads zum international bekannten Kurort. Die 1847 eröffnete erste Eisenbahn der Schweiz, liebevoll Spanisch-Brötli-Bahn genannt, trug das Ihre dazu bei. Dieser Aufschwung kam mit dem Ersten Weltkrieg abrupt zum Stillstand. Das 1923 erstmals veranstaltete Fest Badenfahrt war denn auch eine Antwort auf Krise und Stillstand nach 1918. Zu dieser Zeit war aber Baden bereits einer der wichtigsten Industriestandorte der Schweiz. Die Stadt hatte das Rennen um den Standort der neu gegründeten Brown, Boveri & Cie. gegen Basel und Zürich 1891 gewonnen. Und die BBC wurde nach der Mitte des 20. Jahrhunderts zur grössten Industriefirma der Schweiz.

Der Niedergang des Kurorts, die Industrialisierung, die Säkularisierung der Gesellschaft, die immer stärker werdende Vernetzung von Arbeit und Verkehr haben die alten Divergenzen in den Hintergrund treten lassen. Und trotzdem kennt man sich bis heute nur wenig. Aus Zürcher Perspektive beginnt hinter dem Shoppingcenter Spreitenbach das Niemandsland. Aus Badener

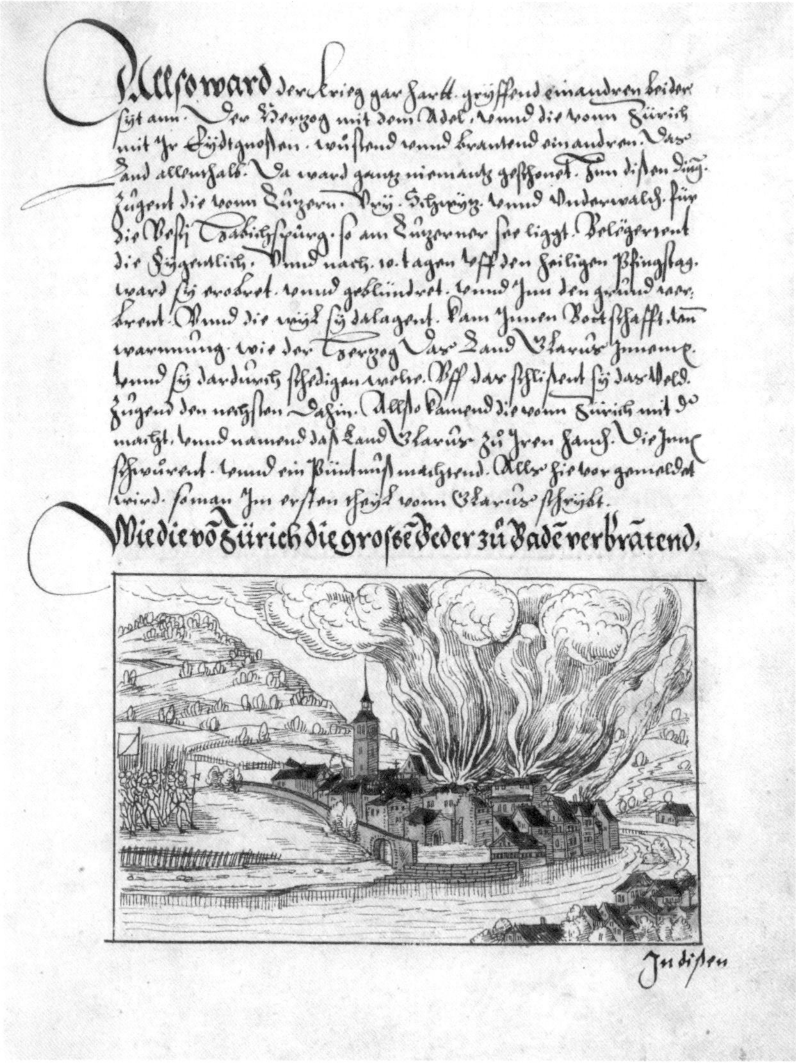

«Wie die von Zürich die grossen Beder zuo Bade verbrantend.» Der Wettinger Abt Christoph Silberysen (1542–1608) stellt in seinem «Chronicon Helvetiae» den Brand der Bäder im alten Zürichkrieg 1444 dar.

Perspektive geniesst man gern die Vorteile der nahen Stadt, distanziert sich aber auch vom zwinglianischen Zürich. Baden hat nie eine grosse Eingemeindung gemacht wie Zürich oder Winterthur; die Stadt ist klein geblieben und gefällt sich in dieser Kleinheit. Das Verhältnis zu Zürich ist entspannt. Man könnte sagen: Was sich liebt, das neckt sich. Zum entspannten Verhältnis der beiden Städte gehört auch, dass der Verlag Hier und Jetzt in Baden gegründet worden ist, heute aber seinen Sitz in Zürich hat. Seine Badener Wurzeln hat er deswegen nicht verloren. bm

David Hess
Die Badenfahrt.
Zürich 1818 (Reprint Baden 2017).

Fabian Furter, Bruno Meier,
Andrea Schaer,
Ruth Wiederkehr
Stadtgeschichte Baden.
Baden 2015.

Helene Arnet, Bruno Meier,
Urs Tremp
Das Limmattal. Hinschauen statt durchfahren.
Zürich 2022.

VISPERTERMINEN –
EIN GANZES DORF TRÄGT TRACHT

«Seit unvordenklichen Zeiten und bis in unsere Tage ging das
Walliser Bauernvolk in der Tracht einher», so Ernst Laur 1947,
Präsident der Schweizerischen Trachtenvereinigung. Der Ethno-
loge Thomas Antonietti hingegen bezeichnet diese Aussage als
«Geschichtslosigkeit», die ideologische Absichten verrate.

Die unvordenklichen Zeiten gehen zurück auf das 18. Jahrhun-
dert. Aus jener Zeit stammt die Trachtenkleidung mit engem
Mieder und langem Rock für die Frauen. Nach der Französischen
Revolution und mit der wachsenden Industrialisierung beginnen
sich zwischen Stadt und Land verschiedene Kleidungsstile heraus-
zubilden. Die Trachten diversifizieren sich nach Tälern und
Dörfern und werden zum nationalen Kleid stilisiert. Sogenannte
Kantonaltrachten sind in der ersten Hälfte des 19. Jahrhunderts
ein vaterländisches Anliegen und an der Fasnacht, an Festen und
Jubiläen beliebt. Wobei auffällt, dass sich die weibliche Tracht
viel stärker differenziert als das Männergewand, das sich in der da-
maligen Zeit generell weniger wandelt.

Im Kanton Wallis breiten sich die regionalen Trachten erst Mitte des 19. Jahrhunderts aus, als das Trachtentragen in anderen
Teilen der Schweiz bereits wieder abklingt. Die maschinelle Ver-
arbeitung günstiger Baumwollstoffe verändert das Konsumverhal-
ten und die Kleidung der Menschen. Die meist aus langlebiger
Wolle hergestellten Trachten verlieren an Bedeutung. Auch im
Wallis sind sie um 1900 nicht mehr allzu präsent im Alltag.

Nach dem Ersten Weltkrieg wendet sich das Blatt. Europa erlebt einen Befreiungsschub, der besonders schnell von der Mode
aufgenommen wird. Frauen schneiden sich die Haare kurz,
Korsetts und bodenlange Röcke verschwinden. Die Kleider fallen
locker, man zeigt Bein. Das ruft die Bewahrer konservativer, nationaler Werte auf den Plan. Männliche Meinungsführer enervieren
sich über die neue, legere Frauenmode, ganz besonders in katholi-

schen Regionen wie dem Wallis. So heisst es im *Walliser Bote* vom 31. Januar 1925: «Abgesehen von der Frivolität und Unverschämtheit ist sie überdies zum Erbrechen abgeschmackt und lächerlich, diese moderne Frauen-Modermode.» Die «freche Mode» fördere die Unsittlichkeit. Der *Walliser Bote* führt einen wahren Feldzug gegen die «einfältigen Gänschen» und «schamlosen Modedirnen». Gleichzeitig wird eifrig versucht, die Trachtenmode aufzuwerten.

Frauen aus dem Walliser Dorf Vispertorminen versammeln sich anlässlich von Fronleichnam Mitte der 1960er-Jahre. Damals begann die uniforme Kleiderordnung, die das Dorf seit Jahrzehnten dominierte, langsam zu bröckeln.

Das Trachtenwesen wird in den 1920er-Jahren ganz bewusst ideologisch und ästhetisch neu geordnet, institutionalisiert und formalisiert. 1926 wird die Schweizerische Trachtenvereinigung gegründet. In Zusammenarbeit mit kantonalen Verbänden werden neue Trachtenmodelle entworfen und 1928 an der Schweizerischen

Ausstellung für Frauenarbeit (SAFFA) in Bern vorgeführt. Zur zentralen Figur der Trachtenbewegung wird der eingangs zitierte Ernst Laur, Präsident des Bauernverbandes und des Heimatschutzes. Ab 1927 übernimmt er auch noch die Funktion des Sekretärs der Trachtenvereinigung und amtet von 1931 bis 1961 als geschäftsführender Präsident. Laur sieht das Tragen der Tracht nicht als patriotische Manifestation wie im 19. Jahrhundert, sondern als Standeskleid der bäuerlichen Bevölkerung. «Schweizerart ist Bauernart» lautet sein Motto. In seinen Augen kann die Bäuerin nie elegante Stadtfrau werden, in der Tracht sei sie aber «eine Zierde und Augenweide unseres Landes». Trachtennähkurse und Schultrachten an landwirtschaftlichen und Haushaltungsschulen unterstreichen das Ansinnen, aus der ländlichen Bevölkerung ein Trachtenvolk zu machen.

Die katholische Kirche unterstützt diese Bemühungen voll und ganz und übt ihre Macht aus. Victor Bieler, Bischof von Sitten, weist in den 1920er-Jahren wiederholt auf die vermeintlichen Gefahren für Kinder und Frauen hin, die sich nicht anständig kleideten. Die Tracht – mit Rock bis zum Knöchel, hochgeschlossen, mit Schürze und Hut oder Kopftuch, hübsch dekoriert – ist aus klerikaler Sicht das einzig angebrachte sittliche Kleid für Frauen.

Im Dorf Visperterminen setzt sich der kirchlich-konservative Kleidercode in den 1930er-Jahren sogar im ganzen Ort durch. Treibende Kraft ist Dorfpfarrer Heinrich Zenhäusern; er formuliert sein Frauenbild so: «Jede Frau soll Magd, Jungfrau und Mutter sein.» Zu diesem widersprüchlichen Programm passt offenbar nur eines: die Tracht. Zenhäusern predigt in Visperterminen von 1929 bis 1958, und auch sein Nachfolger Gustav Mengis besteht auf der Tracht. Die Bäuerinnen im Dorf haben in dieser Zeit neben einer Alltags- und einer Sonntagstracht keine weiteren Kleider.

Als nach dem Zweiten Vatikanischen Konzil Mitte der 1960er-Jahre der Einfluss der Kirche zu bröckeln beginnt, verliert sie den Kampf um die Mode innert weniger Jahre. Die jüngeren Frauengenerationen lassen sich nicht weiter vorschreiben, wie sie sich kleiden sollen, auch nicht in Visperterminen. Die Sonntagstracht wird von der älteren Generation aber noch lange und oftmals mit Stolz getragen, eine kleine Schar tut dies an den Fronleichnamsprozessionen im Dorf bis heute. Das Brauchtum stirbt keineswegs aus, im Gegenteil. In den 1960er- und 1970er-Jahren werden zahlreiche neue Trachtenvereine gegründet, nur diesmal ohne das christlich-ideologische Fundament. Und seit den 1990er-Jahren ist die Volkskultur zusätzlich im Aufwind mit einer wachsenden Anzahl Volksmusik- und Folklorefestivals sowie Rekordteilnehmerzahlen an Schwing- und Älplerfesten. Ob Trachtenvereinigung, Fahnenschwingen, Jodeln, Hackbrett- oder Alphornspiel: Volkskultur und Brauchtum im Sinne des Echten, Verbindenden spricht viele Menschen an. Ihre zahlreichen Facetten reichen von der lebendigen Tradition des Wildheuens in Nidwalden bis zur Bewahrung des Kräuterwissens aus dem Kanton Graubünden. ds

Thomas Antonietti
Mode, Macht und Tracht.
Kleidungsverhalten in Visperterminen und im Wallis
1700 – 2000.
Baden 2003.

Silvia Conzett
Bergdorf Hinterrhein.
Erinnert, erlebt, erzählt.
Baden 2005.

*Kantonales Museum für Geschichte Sitten,
Thomas Antonietti,
Alpmuseum Riederalp*
Kein Volk von Hirten.
Alpwirtschaft im Wallis.
Baden 2006.

*Bruno Meier, Katrin Rieder,
Thomas Antonietti*
Rückkehr in die Gegenwart.
Volkskultur in der Schweiz.
Baden 2008.

Thomas Antonietti
Nahe Ferne. Ein Jahrhundert Ethnologie im Wallis.
Baden 2013.

Karin Janz
Säen, dröhnen, feiern.
Lebendige Traditionen heute.
Baden 2013.

Elsbeth Flüeler
Wildiheiw. Wildheuen in Nidwalden.
Zürich 2022.

Urner Institut Kulturen der Alpen
Nutzen, benutzen, hegen, pflegen. Die Alpen im Anthropozän.
Zürich 2023.

Ursula Brunold-Bigler
Kräuterland Graubünden.
Zürich 2023.

BERNER PATRIZIER UND DER SKLAVENHANDEL

Forschungsinteressen sind nicht unabhängig von politischen und gesellschaftlichen Veränderungen der Gegenwart. Dies führt zu Konjunkturen von Methoden, Themen und Trends. Waren die 1970er- und 1980er-Jahre die grosse Zeit der Wirtschafts- und Sozialgeschichte, orientiert an der französischen Schule der Annales, folgten in kurzen Abständen die Mikrogeschichte, die Geschlechtergeschichte, die transnationale Geschichte und die Globalgeschichte, um nur einige wichtige Beispiele zu nennen. Im Kontext der Globalgeschichte kamen in der Schweiz Themen auf, die in der national geprägten Geschichtsschreibung bisher völlig fehlten. Inwieweit war die Schweiz beziehungsweise die Eidgenossenschaft, die selbst keine eigenen Kolonien besass, im 18. und 19. Jahrhundert Teil der kolonialen Ausbeutung des Südens?

Schweizer Globalgeschichte erschöpfte sich jahrzehntelang in Auswanderungsgeschichten, oft auch von der Laienforschung getragen. Bekannt war allenfalls der Einsatz von Schweizer Söldnern in Übersee, zum Beispiel wies die französische Fremdenlegion im 19. Jahrhundert lange zwei Schweizer Bataillone auf. Oder man beschränkte sich auf die Beschreibung des «Schicksals» einzelner Protagonisten, wie das des Berners Christoph von Graffenried als Gründer von New Bern in North Carolina. Bekannt, aber nur teilweise erforscht waren die Aktivitäten der evangelischen und katholischen Missionen in Afrika und Asien im 19. und 20. Jahrhundert.

Mit dem neu entfachten Interesse an den globalen Verflechtungen der Schweiz purzelten nun aber die Hinweise auf die Verwicklungen von Schweizer Familien oder Unternehmen in den Kolonialismus nur so aus schon bekannten oder neu erschlossenen Quellen. Die Verschiebung des Forschungsinteresses brachte Erkenntnisse, die vielleicht nicht unbekannt waren, die man bisher aber anders eingeordnet hatte. Ein Beispiel: Der Berner Patri-

zier Bernhard Effinger von Wildegg (1658–1725) begann Ende des
17. Jahrhunderts die traditionelle Wirtschaftsweise seiner Familie
umzukrempeln. War sein Vater Hans Thüring noch der klassische
Herrschaftsherr, der im Sinn der in der Schlossbibliothek bis heute erhaltenen Hausväterliteratur seine Güter als möglichst autarken
Grossgrundbesitz führte, investierte sein Sohn in verschiedene
neue Wirtschaftszweige. Kapital dafür war dank der lukrativen
Heirat mit Barbara von Salis-Soglio vorhanden. Bernhard war zwischen 1699 und 1705 Landvogt auf der Schenkenberg und lernte

Doppelseite eines Musterbuchs des Lenzburger Stoffhändlers Gottlieb Strauss,
beschriftet mit dem Schiffsnamen «La Seine». Das Schiff war in den 1780er-Jahren im
Dreieckshandel zwischen Frankreich, Westafrika und der Karibik im Einsatz.

dort das Küherwesen kennen, das Emmentaler Küher auf den
Jurahöhen betrieben. Er holte solche Küher auf seine Wildegger
Güter und führte eine verkaufsorientierte Milchwirtschaft ein.
Ebenfalls verkaufsorientiert waren seine Investitionen in den
Weinbau, verbunden mit dem Kauf von Gastwirtschaften, wo der
Wein aus dem Eigenanbau gleich ausgeschenkt wurde. Und er er-
wirtschaftete offenbar genügend Geld, um alternative Anlagen zu
tätigen. Er kaufte 1711 via die Berner Bank Malacrida Aktien der
Bank of England und der Britischen Ostindien-Kompanie, die in

den ersten Jahren ansehnliche Renditen aufwiesen. Weiter besass er Aktien der South Sea Company und der Royal African Company. Vermittelt wurden diese Anlagen durch die von Samuel Müller geführte Bank Müller & Cie. in London. Sie diente auch als Wechselbank, als Bernhards Sohn Johann Bernhard 1719 auf seiner Bildungsreise durch Europa in London haltmachte. Die South Sea Company investierte unter anderem in Sklavenschiffe, die die spanischen Kolonien in Lateinamerika versorgten. Die Company verspekulierte sich allerdings 1720 bei der Übernahme von englischen Staatsschulden. Als Folge davon musste die Bank Malacrida liquidiert werden, der bernische Staat und zahlreiche Patrizier verloren viel Geld. Aus den Wildegger Quellen wird leider nicht ersichtlich, ob Bernhard Effinger davon auch betroffen war – wahrscheinlich ist es aber.

Zur gleichen Zeit gelangte Johannes von Hallwyl (1688–1753) als Leutnant im in französischen Diensten stehenden solothurnischen Regiment Karrer nach Martinique und Saint-Domingue und kaufte dort von Sklaven bewirtschaftete Indigo-, Zucker- und Tabakplantagen. Indigo war ein Farbstoff, der als Färbemittel von Textilien Verwendung fand. In den 1720er-Jahren nahmen auch die ersten Textildruckmanufakturen im bernischen Unteraargau ihren Betrieb auf. Getragen nicht von Patriziern, die in der Regel nicht in die Industrie investierten, sondern von Zofinger, Aarauer und Lenzburger Bürgern entwickelte sich der Berner Aargau im Lauf des 18. Jahrhunderts zum Zentrum von Produktion und Handel mit Textilien. Textilien, die auch wieder den Weg nach Übersee fanden, zum Beispiel nach der karibischen Insel St. Eustatius, dem holländischen Handelsplatz, wo 1779 der Zürcher Salomon Kitt ein Jahr nach seinem Konkurs in der Heimatstadt als Textilhändler Fuss zu fassen versuchte. 1780 gründete er mit einem Stuttgarter Compagnon die Firma Kitt & Rheinwald, brachte auf St. Eustatius Baumwoll- und Leinenstoffe aus der Schweiz in den Handel und sandte das Färbemittel Indigo, Tabak, Zucker und Kaffeebohnen zurück nach Europa. Doch bereits 1781 kam die Politik dazwischen, als England alle Schiffe vor der Karibikinsel beschlagnahmte. Salomon Kitt rappelte sich wieder auf, nahm diverse weitere Anläufe in der neuen Welt, die am Ende aber alle scheiterten. bm

Bruno Meier
«Gott regier mein Leben». Die
Effinger von Wildegg, Land-
adel und ländliche Gesellschaft
zwischen Spätmittelalter und
Aufklärung.
    Baden 2000.

Ina Boesch
Weltwärts. Die globalen Spu-
ren der Zürcher Kaufleute Kitt.
    Zürich 2021.

Jonas Bürgi
Lenzburg und Luanda.
Aargauer Geschichte als
Globalgeschichte lesen.
In: Argovia 133.
    Aarau 2021.

VOM WIRTSCHAFTSWUNDERLAND
UND SEINEN ELITEN

Wie reich, wie sauber und sicher die Schweiz ist, spürt man nirgends deutlicher als bei der Rückkehr aus dem Ausland auf dem Flughafen Kloten. Glänzende Steinplatten aus Tessiner Iragna-Gneis, blitzsaubere Gänge, die Rolltreppen der Firma Schindler. Auf dem Weg zur Gepäckausgabe rieselt Wasser über eine Granitwand und Roger Federer lächelt einem freundlich aus der Rolex-Werbung entgegen. Endlich daheim.

Womöglich ist man mit der Swiss gelandet. Der Nachfolgerin des 2002 unrühmlich liquidierten Nationalstolzes namens Swissair, über deren Untergang Insider in Bernhard Weissbergs «Wie die Swissair die UBS rettete» erzählten. Die Swiss ist heute Teil der Lufthansa, der Stolz etwas gedämpfter. Das Muster des Managerversagens mit anschliessender Staatsrettung hat sich seither bei UBS (2008) und Credit Suisse (2023) wiederholt – ähnlich begleitet von öffentlicher Empörung und staatlicher Zahlungsbereitschaft.

Aber es ging ja um den Standort Schweiz. «Wer den Standort erwähnt, fragt nach der Fähigkeit der Schweiz, hohen Wohlstand und tiefe Arbeitslosenquoten zu bewahren. Denn jedes Kind und jeder Erwachsene glaubt im tiefsten Innern, dass das Land eigentlich arm sei. Es hat keine Rohstoffe, es ist nicht besonders fruchtbar und musste jahrhundertelang vor lauter Kälte und Not seine Männer als Söldner und seine Buben als Kaminfeger verdingen», heisst es in «Wer regiert die Schweiz». Die Autoren konstatieren: «Die Schweiz ist kurz gesagt ein stockbürgerliches Land» – oder sagen wir es etwas sanfter: ein seit der Gründung des Bundesstaates 1848 sehr wirtschaftsfreundliches Land.

Das Bild des Rohstoffmangels rückt Hans-Peter Bärtschi in seinem Buch zur industriellen Schweiz etwas zurecht. Bis 1860 war das Land nämlich weitgehend Selbstversorger mit den meisten mineralischen Rohstoffen, darunter Eisen- und Kupfererz, Braunkohle, Blei, Silber, Schiefer und Salz. Letzteres wird bis heute im

Kanton Waadt und durch die Rheinsalinen gefördert. Aber ja, nicht die eigenen Rohstoffe haben die Schweiz zum drittreichsten Land der Erde gemacht (BIP pro Kopf 2022). Wenn schon, dann haben die Rohstoffe anderer Länder dazu beigetragen, sind doch heute ironischerweise die vier grössten Firmen des Landes Rohstoffhändler, an der Spitze die Firma Glencore. Auf Platz 5 und 6 folgen Nestlé und Roche Holding.

Wirtschaftshistorisch betrachtet sind die Gründe für den Erfolg der Schweiz eine Mischung aus Glück und Verstand, solidem Bildungswesen, Qualitätsverständnis, Rechtssicherheit, sozialem

Egal ob in Politik, Wirtschaft oder Wissenschaft: Versammlungen von Schweizer Führungskräften boten bis vor wenigen Jahren das immer gleiche monotone Bild. Hier ein Treffen der Schweizerischen Chirurgischen Gesellschaft Ende der 1960er-Jahre.

Frieden, einem offenen politischen System mit wirtschaftsfreundlichen Strukturen und der Lage mitten im brummenden Wirtschaftsraum Europas.

Im 16. und 17. Jahrhundert brachten die aus Frankreich vertriebenen Hugenotten die Uhrenindustrie ins Welschland. Doch der eigentliche Aufstieg der Schweizer Wirtschaft begann im 19. Jahrhundert mit der Mechanisierung, vor allem in der Textilindustrie. Um 1880 waren dort 63 Prozent der Industrieangestellten beschäftigt. Aus der Textilindustrie gingen die Chemie-, die Pharma- und die Maschinenindustrie hervor. Ausserdem entwickelte sich eine erfolgreiche Lebensmittelindustrie. Die wachsenden Firmen suchten Kredite und die Absicherung ihrer Risiken, so entstanden Banken und Versicherungen.

«Im Austausch mit der Welt» zeigt, wie die frühe Vernetzung des Kleinstaates zum Erfolg beitrug. Die Schweiz zählte bereits vor dem Ersten Weltkrieg bedeutend mehr multinationale Unternehmen als andere kleinere Länder wie die Niederlande, Dänemark, Schweden oder Belgien.

Zum Faktor Glück zählt die Verschonung der Schweiz in den beiden Weltkriegen. Wobei es nichts zu beschönigen gibt. 220 000 Mann verbrachten ab 1914 ihren Dienst mit Drill und Langeweile. Die Bevölkerung litt unter Mangel und steigenden Preisen. Die Wut darüber entlud sich im zweitägigen Landesstreik vom November 1918. Die Sozialpartnerschaft, die sich in den späten 1930er-Jahren ausbildete, trug zum wirtschaftlichen Erfolg nach dem Zweiten Weltkrieg ebenso bei wie die Einführung des Bankgeheimnisses 1934 und die Unversehrtheit der Industrieanlagen in den Kriegsjahren.

Frauen blieben aus der Politik bis 1971 ausgeschlossen, und aus den Chefetagen noch weit darüber hinaus. Im Buch zu den Schweizer Wirtschaftseliten wird der lange Zeit vorherrschende Typ des Wirtschaftsführers charakterisiert: männlich, Schweizer Staatsbürger, Jurist, freisinnig, Milizoffizier, in mehreren Verwaltungsräten von Grossunternehmen aktiv. Der «Bundesbaron» Alfred Escher (1819–1882) hatte es mit seinem multiplen Engagement in Wirtschaft, Politik und Gesellschaft vorgelebt.

In «Zauderer mit Charme» porträtiert Matthias Wiesmann den Zürcher Industriellen Hans Schindler (1896–1984), einen typischen Vertreter seiner Generation. Dessen Tagebücher zeigen, wie ihn die Erwartungen quälten, die er dennoch erfüllte: Chemiestudium an der ETH, Promotion in Cambridge, Nachfolge des Vaters im Familienunternehmen Maschinenfabrik Oerlikon, Mitglied in sieben Verwaltungsräten, Engagement in Politik und Verbänden, sechs Kinder und eine standesgemässe, aber unglückliche Ehe. 1957 änderte er mit 61 Jahren sein Leben, liess sich scheiden, heiratete ein zweites Mal und engagierte sich bei Swisscontact in der Entwicklungszusammenarbeit. So gelang ihm ein später Ausbruch aus den Zwängen seiner Herkunft. Schindlers Geschichte ermöglicht einen seltenen Blick hinter die glanzvolle Fassade der Schweizer Wirtschaft. ds

Hans-Peter Bärtschi
Die industrielle Schweiz – vom
18. ins 21. Jahrhundert.
Baden 2011.

*Matthias Daum, Ralph Pöner,
Peer Teuwsen*
Wer regiert die Schweiz. Ein
Blick hinter die Kulissen der
Macht.
Baden 2014.

*André Mach, Thomas David,
Stéphanie Ginalski*
Schweizer Wirtschaftseliten
1910–2010.
Baden 2017.

*Roman Rossfeld, Christian
Koller, Brigitte Studer (Hg.)*
Der Landesstreik. Die Schweiz
im November 1918.
Baden 2018.

Bernhard Weissberg
Wie die Swissair die UBS
rettete. Sechs Insider erzählen.
Baden 2019.

Matthias Wiesmann
Zauderer mit Charme. Hans
Schindler und die Zwänge
einer Zürcher Industriellen-
familie.
Baden 2020.

Andrea Franc
Im Austausch mit der Welt.
Schweizer Unternehmen
im 19. und 20. Jahrhundert.
Zürich 2021.

HEINRICH ZSCHOKKE IM REVOLUTIONSNEST SCHLOSS REICHENAU

«In der Frühe eines Sommermorgens, es war der 9. August 1798, schwamm ich auf breitem Holzfloss von Reichenau den Rheinstrom hinab, der hier, jung und wild, noch kein Schiff auf seinen Wellen duldet. Zu beiden Seiten flogen die Massen des Hochgebirgs mit ihren Eiskronen, Wäldern, Dörfern und Burgtrümmern traumartig vorüber und gesellten sich zu dem, was, als Vergangenheit, hinter mir, mit so vielem Schönen verschwand, was ich gefunden, geschaffen, mühsam gebaut und nun, vielleicht auf immer, verloren hatte. Ich schwamm einer Zukunft entgegen, deren düstern Hintergrund nur Kriegswetter durchblitzten.»

So beschrieb der 27-jährige Magdeburger Heinrich Zschokke rückblickend seine überstürzte Flucht von Schloss Reichenau Anfang August 1798. Zschokke war auf seiner Sehnsuchtsreise durch die Schweiz zwei Jahre zuvor in Reichenau gestrandet, weil sein Gepäck, das er in Chur erwartet hatte, dort hängen geblieben war. Auf Schloss Reichenau hatte Johann Baptista von Tscharner 1793 seine ursprünglich in Jenins eröffnete Privatschule eingerichtet. Sie wurde vom seit den 1760er-Jahren in Graubünden tätigen Reformpädagogen Johann Peter Nesemann geführt. Zschokke blieb dort, liess sich als Lehrer engagieren und übernahm kurze Zeit später vom alt gewordenen Nesemann die Leitung des Seminars. Tscharner selbst gehörte zum Kreis der Bündner Patrioten, die Reformen zugeneigt waren und 1798 einen Anschluss an die Helvetische Republik befürworteten. Er war in den Jahren davor unter anderem Bunds- und Standespräsident der Drei Bünde gewesen. Als die Bündner Gerichtsgemeinden im Sommer 1798 den Anschluss an die Helvetische Republik verwarfen, mussten Tscharner und Zschokke Hals über Kopf fliehen. Zschokke hatte sich im Frühling desselben Jahres mit seiner Schrift «Soll Bünden sich an die vereinte Schweiz anschliessen?» politisch in die Nesseln gesetzt.

Nach seinem Wegzug vom Schloss Reichenau strandete Heinrich Zschokke in Aarau und wurde von Philipp Albert Stapfer, dem helvetischen Kulturminister, im November des Jahres mit der Leitung des neu geschaffenen «Bureaus für Nationalkultur» betraut. 1799/1800, während des Zweiten Koalitionskriegs, war Zschokke nacheinander im Kanton Waldstätten, im Tessin und in Basel Regierungskommissär. Noch im Oktober 1798 hatte er die erste Nummer der Zeitschrift «Aufrichtiger und wohlerfahrener

Das Schloss Reichenau, gezeichnet von Johann Jakob Meier. Illustration in Johann Gottfried Ebels «Die neuen Strassen durch den Kanton Graubündten», 1825. Im Vordergrund ein Transportfloss, wie es Heinrich Zschokke für seine Flucht benutzte.

Schweizerbote» publiziert, die zu einer der wichtigsten Stimmen der liberalen Erneuerung der Schweiz wurde. Zschokke liess sich in Aarau nieder und errichtete 1817 zusammen mit seiner Frau Nanny Nüsperli die Villa Blumenhalde. Sie ist heute Standort des Zentrums für Demokratie Aarau. Darüber hinaus engagierte er sich politisch im Grossen Rat, war Architekt des Schulgesetzes von 1835 und vertrat den Kanton mehrmals an der Tagsatzung. Zschokke gehörte in den ersten Jahrzehnten des 19. Jahrhunderts zu den wichtigsten publizistischen Stimmen der Schweiz, war

Pionier der Volksbildung und erfolgreicher Schriftsteller im Verlag des 1803 nach Aarau gezogenen Heinrich Remigius Sauerländer. Mit seiner 1822 erschienenen «Des Schweizerlands Geschichte für das Schweizervolk» prägte er das liberale Geschichtsbild der Schweiz. Er verstarb 1848, im Jahr, in dem die Bundesverfassung in Kraft trat. Eine Epoche des Umbruchs war vorbei, eine neue Zeit begann.

Eine Episode, die sich in diesen Jahren des Umbruchs auf Schloss Reichenau abspielte, sei noch erwähnt: Im Herbst 1793 gelangte

Schulszene im Seminar Reichenau, mit Louis Philippe stehend bei der Weltkugel. Lithografie von Charles-Étienne-Pierre Motte, um 1835.

ein geheimnisvoller Fremder mit Namen Chabos nach Reichenau. Es war dies niemand anderer als Louis-Philippe, Herzog von Orléans, der 1830 zum sogenannten Bürgerkönig von Frankreich ausgerufen wurde. Louis-Philippe hatte als junger Mann mit der Revolution sympathisiert, musste aber im Frühling 1793 aus Frankreich fliehen und fand Unterschlupf in der Schweiz. In Reichenau betätigte er sich kurzzeitig als Lehrer, machte aber vor allem mit einem Verhältnis mit Köchin Marianne Benzori von sich reden. Ein Verhältnis, das nicht ohne Folgen blieb. Ein gemeinsames Kind kam Ende 1794 in Mailand zur Welt, Louis-Philippe soll versprochen haben, für den Unterhalt aufzukommen. Die Episode machte literarisch Karriere. Sie fand Aufnahme in die royalen Geschichten aus der Schweiz, die Michael van Orsouw im Buch «Blaues Blut» versammelte. Und der Bankert aus Mailand wurde zur Hauptfigur im Roman «Sein Sohn» (2022) von Charles Lewinsky. bm

Werner Ort
Heinrich Zschokke
(1771–1848). Eine Biografie.
    Baden 2013.

Werner Ort
Die Schülerrepublik im Schloss
Reichenau. Ein pädagogisches
Experiment.
    Baden 2018.

*Andreas Glaser, Daniel
Kübler, Monika Waldis*
Brennpunkt Demokratie.
10 Jahre Zentrum für Demokratie Aarau.
    Baden 2019.

Michael van Orsouw
Blaues Blut. Royale
Geschichten aus der Schweiz.
    Baden 2019.

DAS LAND DER SCHOKOLADE UND DER NOBELPREISTRÄGER

Die Schweiz hat auf zwei weltweiten Listen den Spitzenplatz: Ihre Bevölkerung vertilgt am meisten Schokolade und sie weist die meisten Nobelpreisträger pro Kopf auf. Das Wort darf man ruhig nur in der männlichen Form verwenden. Eine Schweizer Nobelpreisträgerin gab es bisher nämlich nicht. Dass Nobelpreisträger und Schokolade etwas miteinander zu tun haben könnten, liegt nicht unbedingt auf der Hand, es wurde aber wissenschaftlich untersucht – dazu später mehr.

Welche Schweizer erhielten die noble Auszeichnung? Gleich der erste Friedensnobelpreis ging 1901 an Henri Dunant, ebenso der zweite 1902, nämlich an Elie Ducommun und Charles Albert Gobat. Das wars dann aber (und auch mit dem Frieden). Die Schweizer Literatur wurde mit Carl Spittelers Werk nur einmal, 1919, ausgezeichnet (abgesehen von Hermann Hesse, siehe unten). Dafür gab es umso mehr Nobelpreise für Chemie, Physik und Medizin. Und dazu noch zwölf Friedensnobelpreise für internationale Organisationen mit Sitz in Genf – vom Internationalen Roten Kreuz bis zum Zwischenstaatlichen Ausschuss für Klimawandel.

Gemessen an ihrer Bevölkerungsgrösse fallen auf die Schweiz mit dreissig ausgezeichneten Personen in den vergangenen 120 Jahren überdurchschnittlich viele Nobelpreisträger. Deutschland müsste deren 300 haben, wollte es gleichziehen. Nur 111 Deutsche (Stand 2021) aber sind mit dem Preis ausgezeichnet worden. Ähnlich sieht der Vergleich mit den USA aus. Mit 400 Nobelpreisträgern, die dort geboren wurden, steht das Land zwar zahlenmässig an der Spitze. Wäre das Verhältnis zur Bevölkerung aber gleich, hätte sie dreimal mehr Nobelpreisträger. Die Zahlenakrobatik ist grob. Vor allem weil verschiedene Länder dieselben Nobelpreisträger für sich reklamieren.

Knapp ein Drittel der Schweizer Nobelpreise ging an ausländische Wissenschaftler beziehungsweise Doppelbürger, die woanders geboren wurden und fürs Studium, für die Forschung und Lehre oder aus anderen Gründen in die Schweiz kamen, manchmal hierblieben, manchmal auch nicht. Das relativiert die blendende Statistik der vielen Schweizer Nobelpreise. So zählt die Schweiz die Auszeichnung für Chemie an Hermann Staudinger zu den Ihren und Deutschland tut es ebenso. Staudinger, 1881 in Worms geboren und 1965 in Freiburg im Breisgau gestorben, verbrachte den Grossteil seines Lebens und seiner Forschungstätigkeit als Professor für Chemie in Deutschland. Entscheidende Entdeckungen zur makromolekularen Chemie, für die er 1953 den Nobelpreis erhielt, machte er zwischen 1912 und 1926 während seiner Zeit als Professor an der ETH Zürich, aber auch noch später

Richard Ernst an seinem Arbeitsplatz an der ETH Zürich, kurz nach dem Gewinn des Chemie-Nobelpreises 1991. Rechts eine Werbung für «Tell-Chocolade» der deutschen Schokoladefabrik Hartwig & Vogel von 1901.

in Freiburg. Ist das nun ein deutscher oder ein Schweizer Nobelpreis? Auch der Literaturnobelpreis für Hermann Hesse wird sowohl von Deutschland als auch der Schweiz reklamiert. Hesse kam 1877 in Baden-Württemberg zur Welt, ab 1912 lebte er in der Schweiz und erhielt 1924 die Schweizer Staatsbürgerschaft. Also wurde der Nobelpreis 1946 streng genommen tatsächlich an einen Schweizer verliehen – allerdings an einen mit deutschen Wurzeln. Und selbstverständlich wird auch Albert Einsteins Nobelpreis 1921 von Deutschland und der Schweiz beansprucht. All das zeigt, wie eng die Wissenschaft seit jeher international verflochten ist und dass nationale Abgrenzungen schnell zu kurz greifen. Die Schweiz liegt nun mal «Mitten in Europa», wie André Holenstein seine Geschichte der Verflechtung und Abgrenzung des Landes genannt hat. Die Schweiz lebt schon immer vom Austausch – jenem von Waren, aber auch jenem von Ideen dies- und jenseits der Grenze.

Doch selbst wenn der eine oder andere Nobelpreis doppelt gezählt wurde, die kleine Schweiz hat viele vorzuweisen. Richard Ernst, Nobelpreisträger für Chemie 1991, schreibt in seiner Autobiografie, dass es zwei Hauptgründe für die überdurchschnittliche «Brain-Power» des Kleinstaats gebe. Der erste sei die Neutralität während der beiden Weltkriege und die daraus resultierende Attraktivität als Zufluchtsort vor und während der Kriege, als die Schweiz Sicherheit und Stabilität bot. Der zweite Grund seien laut Ernst die ausgezeichneten Universitäten, allen voran die Eidgenössischen Technischen Hochschulen in Zürich und Lausanne, die mit finanziell attraktiven Bedingungen Forschende aus aller Welt anzogen und anziehen.

Aber eigentlich ist der Grund ein ganz anderer und damit landen wir nun bei der Schokolade: Der Hypertonie-Experte Franz Messerli, ein in Bern ausgebildeter Mediziner und Professor an der Columbia University in New York, hat 2012 eine Studie im renommierten *New England Journal of Medicine* (2012; 367: 1562–1564) publiziert. Die Studie zeigt, dass die Menge an Schokolade, die in einem Land konsumiert wird, mit der Anzahl Nobelpreisträger pro Kopf der Bevölkerung korreliert. Messerli führt das auf die bekannte positive Wirkung von Flavanolen auf kognitive Fähigkeiten zurück. Diese sind unter anderem in dunkler Schokolade enthalten.

Mit elf Kilogramm Schokolade pro Kopf (2022) steht die Schweiz an der Spitze des weltweiten Schokoladekonsums. Norweger und Österreicher essen auch viel davon und schneiden bei den Nobelpreisen ebenfalls gut ab. Im Mittelfeld liegen die USA, Frankreich und Deutschland, weiter unten findet man China, Japan und Brasilien. Was Professor Messerli wohl kaum untersuchen konnte, ist, wie viel Schokolade die einzelnen Schweizer Nobelpreisträger tatsächlich konsumiert haben. Und Korrelation hin oder her: Der alte Grundsatz, dass Assoziationen noch lange keine Kausalität bedeuten, gilt wohl auch in diesem Fall. ds

Roman Rossfeld
Schweizer Schokolade.
Industrielle Produktion und
kulturelle Konstruktion
eines nationalen Symbols
1860–1920.
Baden 2007.

André Holenstein
Mitten in Europa. Verflech-
tung und Abgrenzung in der
Schweizer Geschichte.
Baden 2014.

Richard R. Ernst
Nobelpreisträger aus Winterthur. Autobiografie in Zusammenarbeit mit Matthias Meili.
Baden 2020.

KULTURKAMPF AUF SCHWEIZER ART

Wenn man sich mit der Geschichte der Schweiz beschäftigt, erstaunt immer wieder, dass dieses fragile Gebilde namens Eidgenossenschaft den Lauf der Zeit überstanden hat und nicht an inneren Konflikten zerbrochen oder auf äusseren Druck hin auseinandergefallen ist. Die Gräben und Spaltungen in der Schweizer Geschichte sind denn auch zahlreich, vom blutigen Ringen im Alten Zürichkrieg (1440–1450) über die konfessionelle Spaltung nach der Reformation bis zum Rösti- und Stadt-Land-Graben in der neuesten Zeit. Man könnte (und sollte) die Geschichte der Schweiz denn auch als grossartige Integrationsleistung verstehen. Zahlreiche dieser Konflikte lassen sich in einem weit gefassten Begriff kulturell deuten. Kulturkämpfe allenthalben!

Der Kulturkampf im engeren Sinn wird in der Geschichtsschreibung vor allem mit dem Konflikt zwischen dem preussischen Deutschland und der katholischen Kirche in den 1870er-Jahren verbunden. Josef Lang und Pirmin Meier haben gezeigt, dass die schweizerische Variante davon eine differenziertere Chronologie braucht und letztlich auch Wurzeln im Ancien Régime hat. Dabei überlagern sich der konfessionelle Graben und jener zwischen Stadt und Land zu unterschiedlichen Zeiten. Bereits auf der Tagsatzung in Stans im Herbst 1481 war das labile Gleichgewicht von Stadt und Land auf dem Prüfstand. Die Reformation hat diese Divergenz verstärkt, wobei es auch städtische Orte wie Freiburg gab, die katholisch geblieben sind. Es gibt wohl verschiedene Erklärungen dafür, dass die Eidgenossenschaft in der Folge der Reformation nicht auseinanderbrach. Dazu gehörten sicher die gemeinsamen politischen und wirtschaftlichen Interessen der Eliten, sei es in ihrer Position nach innen, aber auch gegenüber den europäischen Mächten. Stichworte sind das Sold- und Pensionswesen. Nicht zu unterschätzen ist wohl, dass die Eidgenossenschaft zu Beginn des 16. Jahrhunderts bereits eine gemeinsame Erzählung ihrer Herkunft und Legitimation besass, die in humanistischen Kreisen in beiden konfessionellen Lagern verbreitet wurde, in den Stadt- wie in den Landorten. Der katholisch gebliebene Glarner Landammann und Gelehrte Aegidius Tschudi (1505–1572) und der Zürcher Chronist und Mitstreiter Zwinglis, Johannes Stumpf (1500–1577/78), prägten die Schweizer Historiografie. Die Tellsgeschichte ist selbst im zugewandten Ort Wallis im 16. Jahrhundert schon präsent, im 17. Jahrhundert auch in der reformierten Stadt St. Gallen.

Mit dem Einmarsch der französischen Truppen 1798 kam der Umsturz, die Helvetische Republik entstand. Sie räumte mit dem bisherigen labilen Gleichgewicht auf, versuchte einen zentral regierten Einheitsstaat zu schaffen, scheiterte aber. Die Folge war die Mediationsverfassung von 1803, die daran wieder anknüpfte. Allerdings liess die Neuordnung der Schweiz nach der napoleonischen Ära das Ancien Régime nicht wieder auferstehen. Aufklärerische Fortschritte wie eine minimale Rechtsgleichheit oder die Handelsfreiheit blieben bestehen und flossen in die Mediationsakte von 1803 ein.

Die neuen Kantone wie die Waadt, Genf, der Aargau oder St. Gallen gehörten fortan zu den Treibern einer moderneren Schweiz. Der Aargau setzte dabei 1841 mit der Aufhebung der Klöster ein Signal, das selbst über die Landesgrenzen hinaus Aufmerksamkeit erregte. Und brachte damit letztlich eine Dynamik in Gang, die zum Sonderbund und zur Bundesverfassung von 1848 führte.

Die Verfassungsrevision von 1874 und die Einführung des Initiativrechts 1891 machten aus der repräsentativen eine direkte Demokratie. Und führten damit Checks and Balances ein, die es Minderheiten ermöglichen, ihre Anliegen auf nationaler Ebene zu präsentieren und ihnen allenfalls auch zum Durchbruch zu verhelfen. Dieses System funktioniert bis heute erstaunlich gut, bringt wechselnde Sieger und Verlierer hervor. Wolf Linder und seine Forschungsgruppe ging in «Gespaltene Schweiz – geeinte Schweiz» von traditionell vier Spaltungen aus: Laizismus contra Kirchengebundenheit, Stadt gegen Land, Arbeit gegen Kapital sowie Zentrum contra Peripherie. Historisch gesehen hat sich dies im Parteienspektrum abgebildet. In der öffentlichen Diskussion wurde lange Zeit der Röstigraben beklagt, heutzutage ist es eher ein Graben zwischen Stadt und Land oder Zentrum und Peripherie, den man betont. In den letzten Jahrzehnten hat sich das Parteienspektrum stark verändert. Die SVP ist aus einer traditio-

Politische Wappenkunde der Gegenwart: der Sozialismus im Zentrum, gerahmt von den Ultramontanen, den Konservativen, dem Freisinn und den Demokraten. Neuer Postillon, 1899.

nell reformierten Partei mit ihrem Erfolg in den katholischen Stammlanden zu einer konfessionsübergreifenden Kraft geworden. Die CVP hat dies mit der BDP zur neuen Mitte in umgekehrter Richtung nachvollzogen. Die Umweltparteien setzen dem linken wie dem bürgerlichen Block zu. Damit wird der Kulturkampf im Sinn des 19. Jahrhunderts überlagert von neuen Konfliktlinien. Die Ablehnung des islamischen Fundamentalismus ist eben nicht dasselbe wie der Kampf gegen die päpstliche Unfehlbarkeit, sie hat aber nach wie vor kulturelle Hintergründe. Welche Gräben sich in einer diverseren Gesellschaft noch auftun werden, wird sich zeigen. bm

Regula Zürcher, Christian Bolliger, Wolf Linder
Gespaltene Schweiz – geeinte Schweiz. Gesellschaftliche Spaltungen und Konkordanz bei den Volksabstimmungen seit 1874.
Baden 2008.

Thomas Maissen
Schweizer Geschichte im Bild.
Baden 2012.

Josef Lang, Pirmin Meier
Kulturkampf. Die Schweiz des 19. Jahrhunderts im Spiegel von heute.
Baden 2016.

Josef Lang
Demokratie in der Schweiz. Geschichte und Gegenwart.
Zürich 2020.

IM GEFÄNGNIS VON FREIHEIT UND NEUTRALITÄT

«Weil alles ausserhalb des Gefängnisses übereinander herfiel und weil sie nur im Gefängnis sicher sind, nicht überfallen zu werden, fühlen sich die Schweizer frei, freier als alle andern Menschen, frei als Gefangene im Gefängnis ihrer Neutralität.» So Friedrich Dürrenmatt 1990 in seiner Laudatio «Die Schweiz – ein Gefängnis» anlässlich der Verleihung des Gottlieb-Duttweiler-Preises an Václav Havel.

Ziemlich frech, den gerne beschworenen Begriff der Freiheit mit dem beliebten Zauberwort Neutralität zu verbinden. Fühlen sich die Schweizerinnen und Schweizer tatsächlich so frei, und hat das mit ihrer Neutralität zu tun?

Der Blick zurück bringt Widersprüchliches zutage. Zunächst: Von welchem Freiheitsbegriff sprechen wir? In voraufklärerischer Zeit ging es nicht um individuelle Freiheitsrechte, sondern um kollektive Freiheiten, also die Nichteinmischung anderer – seien es die Habsburger oder die Kaiser des Heiligen Römischen Reiches. In den zahlreichen im Spätmittelalter geschlossenen Bündnissen, die erst im Lauf der Jahrhunderte zu geschichtsträchtigen Bundesbriefen wurden, taucht das Wort Freiheit nicht auf, dafür Begriffe wie Friede, Schutz, Sicherheit, gegenseitige Hilfepflicht.

Bevor französische Truppen 1798 die Schweiz eroberten, war die Eidgenossenschaft ein Bund von unterschiedlich grossen und mächtigen «Orten», Städten und Ländern, in denen die Oberschichten herrschten. In einzelnen Kantonen gab es über die Landsgemeinden zwar bereits eine starke politische Partizipation, aber eine freie Gesellschaft im modernen Sinn war es nicht, im Gegenteil. «Eltern regelten die Ehen, Geistliche die Glaubenspraxis, Zünfte die Produktion», bringt es Thomas Maissen in «Heldengeschichten» auf den Punkt. Mit dem von Frankreich aufoktroyierten Grundgesetz entstand 1798 die Helvetische Republik. Sie räumte mit diesen Zwängen auf, brach die Macht der Zünfte und führte Rechtsgleichheit und Gewerbefreiheit ein. Eine Verbriefung von Bürger- und Menschenrechten, darunter auch individuelle Freiheitsrechte, kam schliesslich mit der Verfassung von

Ich trete bei ... ich trete nicht bei ... ich trete bei ...
ich trete nicht bei ... ich trete ...

Karikatur aus dem *Nebelspalter* zur Abstimmung über den UNO-Beitritt, der 1986 von Volk und Ständen abgelehnt wurde. Das Land drehte sich in der UNO-Frage bis zum Ja des Stimmvolks am 3. März 2002 weiter im Kreis.

1848: Rechtsgleichheit, Pressefreiheit, Handels-, Gewerbe- und Niederlassungsfreiheit, Religionsfreiheit.

Doch diese modernen Freiheitsrechte galten nicht von Anfang an für alle. Juden und Niedergelassenen gewährte man sie nicht vor der Verfassungsrevision von 1874. Und Ehefrauen wurde erst 1987 gestattet, über ihre berufliche Tätigkeit zu bestimmen oder selbstständig ein Bankkonto zu eröffnen. Wer ist wie frei und wer gewährt wem welche Freiheiten? Es geht nicht ohne die anderen.

Das gilt auch für das Thema Neutralität. Wer anerkannte diese und warum? Seit sich die Eidgenossenschaft im November 1813 von Napoleons Vormundschaft losgesagt hatte, rang sie um die Anerkennung ihrer Neutralität. Die Grossmächte zeigten zunächst kein besonderes Interesse daran und marschierten um die Jahreswende 1813/14 mit ihren Armeen ungerührt durch die Schweiz. Am Wiener Kongress versprachen sie zwar, die Neutralität zu respektieren, falls die als unzuverlässig geltende Schweiz die Wiener Kongressakten ratifiziere. Doch dann kehrte Napoleon aus Elba zurück, der Krieg brach erneut aus, es gab Wichtigeres, als den Schweizer Sonderwunsch zu erfüllen. Die eidgenössische Tagsatzung schloss sich der antinapoleonischen Koalition militärisch an, drei eidgenössische Divisionen zu 20 000 Mann marschierten im Burgund ein und erlebten ein militärisches Desaster. Das war kein neutrales, aber ein pragmatisches Verhalten, das den Schweizern diplomatisches Wohlwollen einbrachte. Im Zweiten Frieden von Paris unterzeichneten Österreich, Frankreich, Grossbritannien, Preussen, Russland und Portugal am 20. November 1815 «mit Vergnügen» die «förmliche und rechtskräftige Anerkennung der immerwährenden Neutralität der Schweiz».

In der Folge stabilisierte die Neutralität die heterogene, föderalistisch organisierte Schweiz nach innen und nach aussen. Europa blieb im 19. Jahrhundert ein unruhiger Kontinent, gewaltbereite Nationalstaaten bildeten sich, zwei Weltkriege folgten. Die Schweiz lavierte sich durch. Die Herausforderungen waren immens; es galt immer wieder, Farbe zu bekennen. Wie nach der Einschliessung durch die Achsenmächte im Sommer 1940. Um Deutschland nicht zu reizen und die Luftwaffe im Hinblick auf einen deutschen Angriff zu schonen, befahl General Guisan im Juni 1940 seinen Piloten, sie dürften deutsche Flieger, die beim Angriff auf Frankreich den Schweizer Luftraum verletzten, nicht mehr angreifen. Doch im krampfhaften Bemühen um Neutralität eröffnete man ab 1943 dann doch wieder tagsüber den Luftkampf – diesmal gegen die Überflüge der angloamerikanischen Befreier. Vierzig Piloten verloren so ihr Leben, der letzte im Februar 1945.

Die Frage stellte sich damals gleich wie heute: Kann sich die Schweiz neutral zwischen Diktaturen und Demokratien verhalten, zwischen Angreifern und Opfern? Marco Jorio schreibt in seiner Neutralitätsgeschichte, dass es eine Neukonzeption der Neutralität brauche. Die Erwartungen seien überfrachtet, man müsse sie auf den militärischen Kern reduzieren, denn die Neutralität sei nicht dazu da, Demokratie und Menschenrechte zu verteidigen. Dafür seien vielmehr das Völkerrecht und die Aussenpolitik zuständig. Und so schloss sich der Bundesrat allen EU-Sanktionen an, als Russland die Ukraine überfiel. Das ist nicht blütenweiss neutral, aber ehrlich. Denn es geht um das, was der Schweiz so wichtig ist: die seit 1879 auf dem Fünffrappenstück abgebildete Libertas, die Verteidigung der Freiheit – nicht im Gefängnis der Neutralität, sondern als neutraler Staat innerhalb einer demokratischen, rechtsstaatlichen Wertegemeinschaft. ds

André Holenstein
Mitten in Europa. Verflechtung und Abgrenzung in der Schweizer Geschichte.
Baden 2014.

Thomas Maissen
Schweizer Heldengeschichten – und was dahintersteckt.
Baden 2015.

Rolf Kamm,
Susanne Peter-Kubli
1415 und die Freiheit. Reichsfreiheit, Unabhängigkeit und Souveränität am Beispiel Glarus.
Baden 2017.

Oliver Diggelmann
Völkerrecht. Geschichte und Grundlagen mit Seitenblicken auf die Schweiz.
Baden 2018.

Min Li Marti,
Jean-Daniel Strub
Freiheit. Grundwert in Bedrängnis.
Baden 2019.

Museum zu Allerheiligen
Kunst aus Trümmern. Die Bombardierung des Museums zu Allerheiligen 1944 und ihre Folgen.
Baden 2019.

Luzi Bernet
Das Schweiz-Dilemma.
30 Jahre Europapolitik.
Zürich 2022.

Marco Jorio
Die Schweiz und ihre Neutralität. Eine 400-jährige Geschichte.
Zürich 2023.

MYTHOS GOTTHARD – MYTHOS TUNNELBAU

Was wäre die Schweiz ohne Tunnelbauten? Die Tunnels und der Alpenmythos sind wie die zwei Seiten einer Medaille, sie bedingen sich gegenseitig. Und auch wenn der erste Eisenbahntunnel der Schweiz nicht die Alpen durchbohrte, sondern 1847 auf einer Strecke von achtzig Metern den Schlossberg von Baden, haben doch die Urnerinnen und Urner das Privileg, den ersten längeren Durchstich gebaut zu haben: das 1707/08 ausgebrochene, 64 Meter lange Urnerloch in der Schöllenen. Damit war dem Mythos Gotthardtunnel eine ausbaufähige Grundlage gelegt. Der erste längere Eisenbahntunnel war hingegen ein Jura-Durchstich, der Hauenstein-Scheiteltunnel mit 2495 Metern Länge, der 1858 eröffnet wurde. Bereits vier Jahre zuvor waren beim Bau der Semmeringbahn in Österreich zwei Tunnels erstellt worden, die allerdings deutlich kürzer waren als derjenige am Hauenstein.

Mit der Erschliessung der Alpen durch Kunststrassen in der ersten Hälfte des 19. Jahrhunderts stellte sich vielerorts die Frage nach Kunstbauten, seien es Brücken, Viadukte oder eben Tunnels. Längere Strassentunnels baute man aber vorerst nicht. Die Geschichte der grossen Strassentunnels gehört in die zweite Hälfte des 20. Jahrhunderts und steht im Kontext des Baus des Autobahnnetzes; zum Beispiel mit dem Kerenzerbergtunnel (1986), der das berühmte Nadelöhr am Walensee beseitigen sollte. Die drei wichtigsten Strassentunnels in den Alpen sind die Durchstiche am Grossen St. Bernhard (1964 / 5,8 km), am San Bernardino (1967 / 6,6 km) und schliesslich am Gotthard (1980 / 16,9 km). Mit dem Gotthard-Strassentunnel wurde auch sein kleiner Bruder eröffnet, der 9,3 Kilometer lange Seelisbergtunnel. Alexander Grass hat den langen Weg zum Gotthard-Strassentunnel nachgezeichnet. Die Gotthardautobahn wurde übrigens im selben Jahr wie die etwas kürzere Unterquerung des Mont-Cenis (Fréjus-Tunnel) zwischen Frankreich und Italien eröffnet.

Der Mythos Tunnelbau ist in der Schweiz aber viel stärker mit der Eisenbahn und dem Bau der Gotthardstrecke verbunden. Und er ist eingebettet in eine Gründerzeiterzählung mit zwei tragischen Helden: Louis Favre, der drei Jahre vor Eröffnung verstarb, und Alfred Escher, der vier Jahre vor Eröffnung zum Rücktritt als Direktionsvorsitzender gezwungen wurde und zum Durchstich

Von oben links nach unten rechts: die Schule der Bonomelli-Mission in Naters, undatiert. Das Quartier der Gotthardbahnarbeiter bei Göschenen, gezeichnet von Joseph Nieriker, 1881. Arbeiterunterkünfte an der Lötschberg-Südrampe, undatiert. Ehrenjungfrauen am Festakt zur Eröffnung des Lötschbergtunnels in Kandersteg, 28. Juni 1913.

nicht mal mehr eine Einladung erhielt. Er verstarb kurz nach der Eröffnung. Der Bau des Gotthardtunnels gehört in eine Zeit, in der sich die Schweiz unter liberaler Führung industrialisierte und sich vom armen Auswanderungsland zum reicher werdenden Einwanderungsland entwickelte. 1869 war der Entscheid für den Gotthard und gegen die Konkurrenzprojekte am Lukmanier und am Splügen gefallen. Die zehnjährige Bauzeit war geprägt von zahlreichen Krisen, Unfällen und finanziellen Problemen. Aber die eindrucksvolle Strecke mit zahlreichen Viadukten und Kehr-tunnels am Weg zum 15 Kilometer langen Scheiteltunnel festigte den Mythos Gotthard, obwohl das Königreich Sardinien-Piemont der Schweiz mit dem Fréjus-Eisenbahntunnel mehr als zehn Jahre zuvorkam. Dafür legte die Schweiz mit dem Bau von Simplon (1905) und Lötschberg (1913) bald nach.

Die Geschichte des Tunnelbaus in der Schweiz ist eine Männer-erzählung. Das Buch von Kilian Elsasser und Alexander Grass zum 175-Jahr-Jubiläum der Eröffnung des Gotthard-Eisenbahn-tunnels trägt denn auch den Untertitel: Politiker, Unternehmer, Ingenieure, Tunnelbauer. Dabei hatten Katrin Rieder, Béatrice Ziegler und Elisabeth Joris bereits früher gezeigt, dass der Tunnel-bau nicht nur eine Heldengeschichte von Politikern und Ingenieu-ren war, sondern dass die zahlreichen ausländischen Arbeite-rinnen und Arbeiter Tunnelbaustellen zu Hotspots von gesellschaft-lichen Entwicklungen machten und Frauen dabei wichtige Funk-tionen innehatten.

Tunnelbau in der Schweiz hatte in der Regel weniger mit Kosten und Rendite als mit Regionalpolitik zu tun, und dies nicht erst seit der doppelten NEAT. Dazu gehörte etwa das 1982 eröffnete «Furka-Loch», das mehr als viermal so viel kostete wie budgetiert. Die Furkastrecke ist heute vor allem eine Touristenbahn. Auch die Bestrebungen für eine Grimselbahn sind primär regionalpoli-tisch motiviert und hätten – bei Realisierung – keine überregiona-le Bedeutung. Eine solche hat der 1999 von der Rhätischen Bahn realisierte Vereinatunnel schon eher, der das Prättigau mit dem Unterengadin verbindet. Der Kanton Graubünden war im Kampf um die Erschliessung des Alpenraums mit der Eisenbahn lange Zeit der Verlierer gewesen. 1888 auf private Initiative entstanden, erreichte die Rhätische Bahn durch die Fusion mit der Bernina-bahn im Zweiten Weltkrieg doch noch eine Alpenüberquerung, und zwar eine spektakuläre: Sie gehört mittlerweile zum UNESCO-Welterbe und weist am Albula einen knapp sechs Kilometer lan-gen Tunnel auf.

Der Tunnelbau war in der Schweiz immer auch eine Rekord-jagd, sowohl 1882 als auch 1980 und 2016 mit dem 57 Kilometer langen Gotthard-Basistunnel. Frankreich und Italien planen mit dem Mont-Cenis-Basistunnel eine um 400 Meter längere Strecke als jene am Gotthard, und am Brenner soll mit dem Innsbrucker Zufahrtstunnel ein Bauwerk von 64 Kilometern entstehen. Was wird die Antwort der Schweiz darauf sein? bm

Katrin Rieder, Béatrice Ziegler, Elisabeth Joris
Tiefenbohrungen. Frauen und Männer auf den grossen Tunnelbaustellen der Schweiz 1870–2005.
Baden 2006.

Hans Peter Häberli
Die kühnste Bahn der Welt. Die Rhätische Bahn in Literatur und Kunst.
Baden 2010.

Kilian Elsasser, Alexander Grass
Drei Weltrekorde am Gotthard. Politiker, Unternehmer, Ingenieure, Tunnelbauer.
Baden 2016.

Alexander Grass
Durchschlag am Gotthard. Der Bau des Strassentunnels 1970–1980.
Zürich 2021.

ZUFLUCHT UND SEHNSUCHT –
ADEL IN DER SCHWEIZ

Wenn das englische Königshaus wieder einmal von sich reden macht, dann ist auch die Boulevard- und Regenbogenpresse in der Schweiz voll davon. Dies in einem Land, in dem die Schulbücher bis heute davon berichten, dass seine Bevölkerung den Adel schon im Mittelalter ausser Landes geworfen habe. Und in dem es keine Königinnen und Könige gibt, sieht man von den Schwingern, Schützen, Jassern und Kühen ab.

So einfach ist es natürlich nicht, und dies gleich in doppelter Hinsicht. Der Adel hat in der Schweiz durchaus auch in späterer Zeit – regional unterschiedlich – eine Rolle gespielt. Und die Schweiz ist vor allem seit dem späten 18. Jahrhundert zum Sehnsuchts- und Zufluchtsland des europäischen Adels geworden, wovon die aufkommende Tourismusindustrie besonders profitierte. Michael van Orsouw hat in seinem Buch «Blaues Blut» einige mehr oder weniger saftige royale Geschichten mit Schweizer Bezug versammelt: vom Revolutionsflüchtling und späteren französischen Bürgerkönig Louis-Philippe, der in Reichenau eine Köchin schwängerte, über die unbeschwerten, aber auch wilden Jahren von Napoleon III. im Thurgau und dem Erholungsurlaub der englischen Königin Victoria in der Zentralschweiz bis zum tragischen Verkehrsunfall des belgischen Königspaars bei Küsnacht im Jahr 1935. Gerade Victorias Aufenthalt in Luzern, die wiederholten Besuche von Kaiserin Elisabeth «Sisi» von Österreich in Zürich und am Genfersee oder die Wahl von Klosters als bevorzugte Winterdestination von Charles und Diana haben dem Image dieser Orte grossen Auftrieb und der Publikumspresse viel Stoff gegeben. Aber genug des Boulevards.

Die alte Eidgenossenschaft pflegte in ihrem Selbstbild im 15. und 16. Jahrhundert tatsächlich das Bild der Adelsfeindschaft; sie wurde von der Gegenseite zuweilen auch als «Adelsvertilger» bezeichnet. Vor allem gewisse inneralpine Regionen waren im

Spätmittelalter tatsächlich vergleichsweise wenig feudalisiert worden. Und die potenziellen Landesherren aus Savoyen, Habsburg oder Mailand waren nicht sehr erfolgreich, wenn es darum ging, sich gegen die sich bildenden Land- und Stadtkommunen durchzusetzen. Allerdings gab es im Gebiet der heutigen Schweiz grosse regionale Unterschiede. Und die Führungsschichten der Land- und Stadtorte, die sich im 14. und 15. Jahrhundert zur Eidgenossenschaft verbanden, hatten durchaus ältere Beziehungen in den freiherrlichen Adel des Mittelalters. In den meisten Regionen

Königin Victoria mit ihrem Hund Sharp, Fotografie von W. & D. Downey, 1866. Rechts der Empfang von Kaiser Haile Selassie im Hauptbahnhof Zürich, Ende November 1954.

ist aber primär im 15. Jahrhundert eine Ablösung der Führungsgruppen festzustellen. Sowohl in der Innerschweiz, im Wallis, in Graubünden wie auch in den städtischen Orten kamen neue Eliten an die Macht, die ihren Einfluss nicht mehr aus adliger Herkunft ableiteten, sondern aus wirtschaftlicher und politischer Stärke. In Graubünden lösten beispielsweise die Capol, Planta und Salis die Rhäzuns, Sax und Werdenberg ab. In Zürich und Bern stiegen Kaufmanns- und Gewerbegeschlechter in das städtische Patriziat auf. In Unterwalden wurden die ehemaligen Dienstleute des unter habsburgischem Einfluss stehenden Klosters Murbach-Luzern von den aufstrebenden Viehzüchtern und Soldherren abgelöst. Man könnte zahlreiche weitere Beispiele anfügen. Bezeichnenderweise kauften sich die neuen Eliten, kaum hatte die Eidgenossenschaft mit Habsburg-Österreich Frieden geschlossen, in Wien ihre eigenen Adelstitel. Sie übernahmen die alten Burgen oder bauten Schlösser als Symbole ihrer frisch erlangten Stellung.

Das neue Patriziat beziehungsweise der neue Adel begann sich vor allem im 17. Jahrhundert gegen die breite Bevölkerung abzuschliessen, exklusiv zu werden. Es gelang ihm aber nicht, ein System im absolutistischen Sinn zu etablieren. In den Stadtstaaten Bern und Luzern brachte diese Entwicklung unter anderem der grossflächige Aufstand im Bauernkrieg 1653 zum Stillstand. In der Innerschweiz, im Wallis und in Graubünden waren es die partizipativen Strukturen der Kommunen, die den Eliten Grenzen setzten, sie auch mal mit Gewalt aus dem Land jagten. Allerdings verbanden sich Eliten und Bevölkerung auf mannigfaltige Weise miteinander, in wirtschaftlicher wie politischer Hinsicht. Stimmen- und Ämterkauf, politische Korruption waren weit verbreitet, das Sold- und Pensionenwesen spielte darin bis ins 19. Jahrhundert eine wichtige Rolle. Das frühneuzeitliche System war weit entfernt von dem, was im 19. Jahrhundert als repräsentative und später direktdemokratische Schweiz entstehen sollte. Und grosse Teile der Bevölkerung hatten auf Staatsebene gar keine Mitsprache, sie waren Untertanen, die allenfalls kommunale Belange unter sich regeln konnten.

Wenn man heute in der Schweiz über den Adel spricht, sind es kaum die «eigenen Adligen», die sichtbar sind, auch wenn es davon noch einige gibt. Die meisten sind sowohl von der Herkunft her wie auch beruflich verbürgerlicht. Aufsehen erregen aber nach wie vor die Besuche aus den europäischen Adelshäusern. Das «Blaue Blut» bleibt Importware. bm

Peter Arengo-Jones,
Christoph Lichtin
Queen Victoria in der Schweiz.
  Baden 2018.

Michael van Orsouw
Blaues Blut. Royale Geschich-
ten aus der Schweiz.
  Baden 2019.

Michael van Orsouw
Luise und Leopold. Skandal-
trächtige Habsburger in der
Schweiz.
  Zürich 2021.

Michael van Orsouw
Sisis Zuflucht. Kaiserin
Elisabeth und die Schweiz.
  Zürich 2023.

STERBEN IN DER SCHWEIZ: FÖDERALISTISCH, TEUER, LIBERAL

Aktuell liegt die durchschnittliche Lebenserwartung für Frauen in der Schweiz bei 85,7 Jahren und bei 81,6 Jahren für Männer (Stand 2021). Ein dramatischer Wandel zu den Generationen vor uns, hinter dem der medizinische und technologische Fortschritt des 20. Jahrhunderts steckt. Wer 1876 in der Schweiz zur Welt kam, konnte von durchschnittlich 43 (Männer) oder 47 (Frauen) Lebensjahren ausgehen.

Zur «Revolution des Todes» im 20. Jahrhundert gehört der Wandel der Todesursachen: Herzkreislauf- und Krebserkrankungen dominieren die heutige Statistik, was mit der gestiegenen Lebenserwartung zu tun hat. Junge Menschen sterben auffällig anders als ältere. Hier dominieren Unfälle, Selbstmord, aber auch Krebs.

Stichwort Selbstmord: Es bringen sich doppelt so viele Männer wie Frauen um. Das gilt für alle europäischen Länder. Und entgegen dem Klischee von der Winterdepression ist die Selbstmordrate vor allem im Frühling besonders hoch. Statistisch liegt die Schweiz mit 12,35 Suiziden (Stand 2017) auf 100 000 Einwohnerinnen und Einwohner im europäischen Mittelfeld. Litauen weist mit 25,82 Selbstmorden die höchste Rate auf, Griechenland und Zypern die niedrigste mit gut 4.

Zur Revolution des Todes gehört auch der veränderte Umgang damit. Jahrhundertelang zählte der Tod zur Alltagserfahrung, wurden Menschen daheim aufgebahrt und betrauert. Das hat sich im Laufe des 20. Jahrhunderts gründlich verändert. Der Fotograf Michael von Graffenried schreibt in «Last minute»: «Ich musste zwanzig Jahre alt werden, bis ich den ersten Leichnam, den meines Grossvaters, sah. Tote werden nach dem Hinschied unauffällig und speditiv ins nächste Kühlhaus verbracht.» Es passt, das typisch schweizerische Wort «speditiv». Schnell muss es gehen, effizient und unauffällig. Trauer wird häufig ausgeblendet, denn sie steht in krassem Gegensatz zu Glücksorientierung und Erfolgsstreben.

Auch beim Bestatten zeigen sich drei schweizerische Eigenschaften: der Förderalismus, das liberale sowie das kaufmännische Denken. Jeder Kanton hat seine eigene Bestattungsverordnung, jede Gemeinde ihre eigenen Friedhofsgesetze. Das erste Schweizer Krematorium entstand 1889 in Zürich: ein tempelähnliches Gebäude auf dem Friedhof Sihlfeld. Andere Schweizer Städte folgten rasch und errichteten Krematorien mit Abschiedsraum und Verbrennungsofen. Grosszügig zeigt man sich bei den Richtlinien rund um das Verstreuen von Asche in der Natur. Was in Deutsch-

Tempelarchitektur für den Tod: der Jugendstilpalast des Krematoriums Sihlfeld von 1915. Rechts die Ofenlinien im Krematorium Luzern 2005 – schweizerisch nüchtern.

land verboten ist, darf man in der Schweiz. Nur sollen dabei «die Bestimmungen des Forst-, Gewässerschutz-, Luftfahrt-, Bau- und Umweltrechts» eingehalten werden, wie es in der Bestattungsverordnung des Kantons Zürich heisst.

Und wie so vieles, ist auch das Sterben in der Schweiz nicht günstig. Vom Totenhemd über den Sarg bis zur Grabpflege, jeder Tod kostet Tausende von Franken. Für Bedürftige gibt es schlichtere Varianten, welche die öffentliche Hand trägt. Der Bestattungsmarkt setzt jährlich bis zu einer Milliarde Franken um.

Liberaler als viele andere Länder zeigt sich die Schweiz auch beim Umgang mit dem Sterben. 1976 veröffentlichte die Schweizerische Akademie der Medizinischen Wissenschaften (SAMW) die ersten Richtlinien zur Sterbehilfe in Europa. Darin wurde die passive Sterbehilfe bei sterbenden oder todkranken Patientinnen und Patienten mit irreversiblem Krankheitsverlauf für zulässig erklärt. So vage die Richtlinien sind, es umweht sie der Geist der ärztlichen Eigenverantwortung.

Ausserdem gibt es seit 1982 beziehungsweise 1998 die Sterbehilfeorganisationen Exit und Dignitas, die sich für das Selbstbestimmungsrecht der Menschen einsetzen und nach strengen Vorgaben Unterstützung bei einer Selbsttötung bieten. Man muss dazu einen dauerhaften Sterbewunsch haben, voll zurechnungsfähig sein und den Suizid eigenhändig ausführen. Kontroversen gab es immer wieder um die Frage, ob Exit und Dignitas die Sterbehilfe in Spitälern und Pflegeheimen durchführen dürfen. 2012 stimmte die Waadt als erster Kanton einem Gesetz zu, das dies zulässt. Mittlerweile haben weitere Kantone nachgezogen. Die Anzahl der unterstützten Selbsttötungen hat in den vergangenen zwanzig Jahren rapide zugenommen. Gemäss Bundesamt für Statistik gab es in der Schweiz 2003 187 assistierte Suizide, 2022 waren es 1391.

Im Gegensatz zu den Sterbehilfeorganisationen bietet die Palliativmedizin unheilbar kranken Patientinnen und Patienten Unterstützung an, wobei es das Ziel ist, die Lebensqualität möglichst lange zu erhalten, ohne die Lebensverlängerung an die erste Stelle zu setzen. Einige Mediziner in der Region Genfersee prägten Ende der 1980er-Jahre die Anfänge der Palliativmedizin in der Schweiz und schlossen sich zu einer Fachorganisation zusammen, die heute palliative.ch heisst. In der Deutschschweiz gehören Roland Kunz und Eva Bergsträsser zu den Pionieren der Palliative Care. Rebekka Haefeli hat sie und ihren Alltag im Spital in «C'est la vie» porträtiert. 2006 erliess die SAMW Richtlinien zur Palliative Care in der Schweiz. Wichtige Aspekte sind dabei die Würde des Menschen, aber auch die Kommunikation mit den Angehörigen. Nach der Revolution des Todes im 20. Jahrhundert wird das möglichst würdevolle Sterben zum Thema des 21. Jahrhunderts. ds

Stapferhaus Lenzburg (Hg.)
Last minute. Ein Buch zu
Sterben und Tod.
  Baden 1999.

Ivo Zemp
Die Architektur der Feuerbe-
stattung. Eine Kulturgeschich-
te der Schweizer Krematorien.
  Baden 2012.

Viktor Goebel, Thomas Schulz
Die Schweiz in Bild und Zahl.
Heute und vor 100 Jahren.
  Baden 2018.

Rebekka Haefeli
C'est la vie. Unterwegs mit
zwei Pionieren der Palliative
Care.
  Zürich 2022.

BIOGRAFIEN –
ODER WESHALB SIE SICH VERKAUFEN

Wie fühlt es sich an, ein anderer Mensch zu sein? Wie riechen, hören, schmecken andere? Welche Gedanken kreisen durch ihre Köpfe? Wie fühlen sie? Und weshalb hat jemand Erfolg, wird berühmt oder durchleidet ein besonderes Schicksal? Nie werden wir es wissen. Wir stecken immer in unserer eigenen Haut.

Wir sind sozial neugierige Wesen, spiegeln uns an und in den anderen. Sie interessieren uns ungemein. Nicht jede Lebensgeschichte wird gleich gern gehört; wir sind fasziniert von den Besonderen, den Hochleistern, den Skurrilen, den Berühmten und Klugen, denen, die etwas Spezielles erlebt, erlitten, vollbracht haben. Weshalb sonst wäre Social Media so erfolgreich?

Für einen Verlag, der Bücher zur Geschichte der Schweiz publiziert, liegt es auf der Hand, Biografien herauszugeben. Denn wie der schottische Essayist und Historiker Thomas Carlyle vor 200 Jahren formulierte: «History is the essence of innumerable biographies.»

Menschen erzählen sich seit jeher die Geschichten anderer Menschen. In der Antike wurden die Leben von Staatslenkern, Kaisern und Verschwörern festgehalten, im Mittelalter diejenigen von Heiligen, in der Renaissance widmete man sich den Künstlern. Lange Zeit war die Biografik ein fast ausschliesslich männliches Revier. Das 20. Jahrhundert hat diesen Fokus nachhaltig verändert.

Welche Lebensgeschichten verkaufen sich gut, welche weniger? Unsere Erfahrung zeigt, dass es drei «Killerkriterien» zur Beurteilung gibt, ob eine Biografie ankommt oder nicht. Unverkäuflich sind Lebensgeschichten von Personen mit folgenden Eigenschaften: unbekannt, männlich, tot. Bestens verkäuflich ist demnach das Gegenteil: bekannt, weiblich, lebend.

Dennoch werden Verlage regelmässig mit Manuskripten belagert, die das Leben unbekannter, bereits verstorbener Männer zum Thema haben. Dass sich Bücher über Frauen grundsätzlich besser verkaufen, liegt daran, dass Frauen mehr Bücher kaufen und generell lieber über Frauen lesen. Und wenn die Person noch lebt, ist das gut für die Promotion des Buches.

Sind zwei von drei der obigen Verkaufskriterien erfüllt, lässt sich die Biografie in der Regel verkaufen. Und so stechen punkto Erfolg in den vergangenen Jahren die Lebensgeschichten von noch lebenden, aber wenig oder gar nicht bekannten Frauen heraus: Je zwei Auflagen erreichten «Unter Vormundschaft. Das ge-

Einblicke in den Alltag im Kloster Fahr und auf 2610 m ü. M.: Aussergewöhnliche Lebensgeschichten wie jene der Aargauer Klosterschwestern oder der Hüttenwartin Irma Clavadetscher fanden ein grosses Lesepublikum.

stohlene Leben der Lina Zingg» von Lisbeth Herger und «Ruth Gattiker. Pionierin der Herzanästhesie», drei Auflagen konnten von «Augusta Theler. Mit dem Hebammenkoffer um die Welt» von Rebekka Haefeli gedruckt werden. Vier Auflagen erreichte «2610 m ü. M.» von Irma Clavadetscher. Ein Leben auf der Coaz-Hütte» von Irene Wirthlin – Sehnsucht Berg kombiniert mit einer starken Frau, ein unschlagbarer Mix. Deshalb läuft auch Patricia Purtscherts «Früh los. Im Gespräch mit Bergsteigerinnen über siebzig» von 2011 nach wie vor. Womit wir bei den weiblichen «Kollektivbiografien» oder Porträtbüchern wären. Auch diese haben das Potenzial zum Kassenschlager, vorausgesetzt, sie eröffnen den Blick in eine besondere, in der Öffentlichkeit wenig wahrgenommene Welt. Corinne Ruflis «Seit dieser Nacht war ich wie verzaubert. Frauenliebende Frauen über siebzig erzählen» hat seit 2015 fünf Auflagen erlebt, dicht gefolgt von «Im Fahr. Die Klosterfrauen erzählen aus ihrem Leben» von Susann Bosshard-Kälin, 2018, mit vier Auflagen.

Wie steht es um die Biografien über Männer? Auch hier haben einige Chancen im Markt. Das zeigten die Lebensgeschichten von Nobelpreisträger Richard R. Ernst und Seilbahnpionier Willy Garaventa mit je zwei Auflagen. Beide waren prominent und lebten zum Zeitpunkt der Publikation noch. Die Kindheitserinnerungen von Filmkritiker Alex Oberholzer, der im Spital aufwuchs, erreichten sogar drei Auflagen. Schwieriger war es mit der Biografie über Alt-Bundesrat Emil Welti (männlich, nicht mehr so bekannt, 1899 gestorben) oder jener über den wenig bekannten, verstorbenen Publizisten, Maler und Komponisten Peter Mieg, der alle drei Killerkriterien erfüllte.

Die Biografie ermöglicht es, sich auf ganz besondere Art nicht nur einem Menschen, sondern auch der Zeit, in der er lebt, zu nähern. Manchmal kann gleich einer ganzen Familie über mehrere Generationen hinweg gefolgt werden, wie in «Der Clan vom Berg», wo die Mitglieder einer Walliser Grossfamilie über den Wandel ihres Alltags im 20. Jahrhundert berichten.

Das Pendeln zwischen Sachbuch und Erzählung ist es, das die Biografie nicht nur für die Lesenden, sondern auch für die Schreibenden so attraktiv macht. Oder wie Angela Steidele es in «Poetik der Biografie» (Berlin 2019, S. 92) formuliert: «Souverän sitzt die Biographie zwischen allen Stühlen: zwischen der Vergangenheit und der Gegenwart, zwischen der Wissenschaft und der Kunst, zwischen dem Leben des Biographierten und dem der Biographin.»

Doch ein Bestseller lässt sich nicht planen – diese Binsenwahrheit des Verlagswesens gilt trotz allem auch für dieses Genre. ds

Verena Müller
Marie Heim-Vögtlin.
Die erste Schweizer Ärztin
1845–1916.
Baden 2007.

Patricia Purtschert
Früh los. Im Gespräch mit
Bergsteigerinnen über siebzig.
Baden 2011.

Corinne Rufli
Seit dieser Nacht war ich wie
verzaubert. Frauenliebende
Frauen über siebzig erzählen.
Baden 2015.

Anna Kardos, Tom Hellat
Auf der Suche nach dem eige-
nen Klang. Der Komponist,
Publizist und Maler Peter
Mieg.
Baden 2016.

Denise Schmid
Ruth Gattiker. Pionierin der
Herzanästhesie.
Baden 2016.

Sybille Bayard
Der Clan vom Berg. Eine Walli-
ser Grossfamilie erzählt.
Baden 2017.

Rebekka Haefeli
Augusta Theler. Mit dem
Hebammenkoffer um die Welt.
Baden 2017.

Susann Bosshard-Kälin,
Christoph Hammer
Im Fahr. Die Klosterfrauen
erzählen aus ihrem Leben.
Baden 2018.

Rebekka Haefeli
Willy Garaventa. Biografie des
Schweizer Seilbahnpioniers.
Baden 2019.

Claudia Aufdermauer,
Heinrich Staehelin
Bundesrat Emil Welti
1825–1899.
Zürich 2020.

Richard R. Ernst
Richard R. Ernst. Nobelpreis-
träger aus Winterthur.
Zürich 2020.

Denise Schmid
Trotz allem. Gardi Hutter.
Zürich 2021.

Irene Wirthlin
2610 m ü. M. Irma Clava-
detscher. Ein Leben auf der
Coaz-Hütte.
Zürich 2021.

Alex Oberholzer
Im Paradies der weissen
Häubchen. Meine Kindheit im
Spital.
Zürich 2023.

JUBILÄEN OHNE ENDE – ODER GESCHICHTE ALS UNTERHALTUNG

Jubiläen sind für Historikerinnen und Historiker ambivalent. Sie schaffen oft Ressourcen, um Forschungen voranzubringen, die sonst nicht möglich wären. Sie sind in der Regel aber auch politisch aufgeladen, bieten Anlass für Geschichtspolitik. Dabei wird Geschichte in der Öffentlichkeit nachgefragt, gebraucht, oft auch missbraucht. Das Jubeljahr 2015 war in diesem Sinn ein anschauliches Beispiel.

Konkret standen gleich vier Jahrestage an: die Schlacht am Morgarten 1315, die Eroberung des Aargaus 1415, die Schlacht von Marignano 1515 und der Wiener Kongress mit der Etablierung der Schweizer Neutralität 1815. Auf nationaler Ebene fand 1415 wenig Beachtung, einzig der Aargau selbst veranstaltete unter dem neutralen Titel «Die Eidgenossen kommen» eine Reihe von Anlässen. Dass die Eidgenossen nicht als Befreier, sondern als Eroberer gekommen waren, blieb etwas aussen vor. Und dass mit der Einrichtung der ersten gemeinen Herrschaft – also eines Untertanengebiets, das von den eidgenössischen Orten gemeinsam regiert wurde – kollektives Handeln in der Eidgenossenschaft nötig wurde und dass daraus die Tagsatzung entstand, auch.

Ähnlich 1815, ein letztlich von den europäischen Mächten fremdbestimmtes Gedenkjahr. Fremdbestimmung hatte es bekanntlich nie einfach in der Schweizer Geschichte. Und doch war die Akzeptanz der Schweiz als kleiner und neutraler Pufferstaat zwischen den Grossmächten für die Entwicklung des Landes im 19. Jahrhundert von grosser Bedeutung. Auch Christoph Blocher lud zur Feier von 200 Jahren Neutralität ins Zürcher Kongresshaus ein. Aktuell wird 1815 in der wieder aufgebrochenen Neutralitätsdebatte durchaus kontrovers diskutiert.

Verbleiben 1315 und 1515, die Klassiker. Das rechtskonservative Lager erklärte die Niederlage bei Marignano schon früh zur Geburtsstunde der Schweizer Neutralität. Allerdings hatten andere bereits vorgelegt. André Holenstein zeigte mit seinem Buch «Mitten in Europa» 2014, wie wichtig und konstitutiv die Verflechtung der Eidgenossenschaft mit Europa gewesen ist – und wie wenig Marignano mit Neutralität zu tun hat. Und Thomas Maissen legte im Frühling 2015 nach mit seinen «Schweizer Heldenge-

Federzeichnung zum Bund von Brunnen vom 6. Dezember 1315. Abschriftensammlung von eidgenössischen Bünden des Christoph Silberysen, Abt des Klosters Wettingen, 1578.

schichten», in denen er das klassische Narrativ gründlich gegen den Strich bürstete.

Da aus alter Tradition der Bund nicht die Federführung in diesem Jubiläumsmarathon ergriff, waren es die Medien, die das Thema an sich rissen und die Geschichtsschreibung zur Geschichtspolitik machten. Die *Weltwoche* gab ein Sonderheft zu Schlachten heraus, verfasst vom Historiker und SVP-Nationalrat Peter Keller. Roger Köppel, der im Herbst erfolgreich für den Nationalrat kandidierte, lancierte das Heft mit einem grossen Anlass am 1. April (kein Scherz) im «National» in Bern, notabene ein Saal, der sowohl den Gewerkschaften wie der AUNS als Versammlungsort diente. Köppel setzte sich als Moderator und Diskussionsteilnehmer gleich selbst in Szene, zusammen mit Peter Keller, André Holenstein und dem Historiker und grünen Nationalrat Jo Lang. Ein amüsanter Abend vor vollem Saal. Stefan von Bergen bilanzierte in der *Berner Zeitung:* «Nach den ausgeglichenen Applausanteilen zu schliessen, endet das historische Gefecht ohne klaren Sieger. Definitiv gewonnen hat das Publikum, das im bis jetzt eher verbissen geführten Jubiläumsjahr eine lustvolle Geschichtslektion erlebt.» Der *Blick* nahm den Faden auf und veranstaltete im Hotel Bellevue in Bern einen Schlagabtausch zwischen Christoph Blocher und Thomas Maissen. Fazit der medialen Nachbearbeitung: gerechte Punkteteilung. Die Debatte um das «richtigere» Geschichtsbild wurde selbst zum Gefecht hochstilisiert.

Roger Köppel führte die Serie ein paar Wochen später im «Lakeside» in Zürich fort, mit Blocher und Maissen als Podiumsgästen und sich selbst wieder in der Rolle des Moderators und Teilnehmers. Der Andrang war gross, ebenso der Unterhaltungswert des Abends. Höhepunkt war die Frage eines Besuchers im Publikum, vermeintlich den Bundesbrief zitierend, an Thomas Maissen, ob denn seine Kinder den berühmten Text kennen würden: «Wir wollen sein ein einzig Volk von Brüdern. In keiner Not uns trennen und Gefahr. Wir wollen frei sein, wie die Väter waren, eher den Tod, als in der Knechtschaft leben.» Maissen konterte souverän: Seine Kinder würden die Strophe sehr wohl kennen, die stamme aber nicht aus dem Bundesbrief, sondern aus Schillers «Tell» von 1804, und sei Thema im Deutsch-, nicht im Geschichtsunterricht. So weit zum historischen Mehrwert solcher Veranstaltungen. Blocher und Maissen waren sich letztlich insofern einig, dass Mythen und Geschichte unterschiedliche Funktionen haben. Bezeichnenderweise standen nicht mehr die Gedenkjahre im Fokus, sondern es ging wieder um Wilhelm Tell und den Bundesbrief. Die zentrale Bedeutung des nach Morgarten abgefassten Bundes von Brunnen in der eidgenössischen Tradition blieb völlig aussen vor. Bundesrat Alain Berset sah sich gar bemüssigt, die streitenden

Historiker (nur Männer) zur Mässigung aufzurufen. Wobei ja Politiker (auch nur Männer) mit Historikern stritten, nicht Historiker unter sich. Fazit für den Verlag: Die «Schweizer Heldengeschichten» erreichten 2015 fünf Auflagen. bm

Thomas Maissen
Geschichte der Schweiz.
 Baden 2010.

André Holenstein
Mitten in Europa. Verflechtung und Abgrenzung in der Schweizer Geschichte.
 Baden 2014.

Thomas Maissen
Schweizer Heldengeschichten – und was dahintersteckt.
 Baden 2015.

Bruno Meier
Von Morgarten bis Marignano. Was wir über die Entstehung der Eidgenossenschaft wissen.
 Baden 2015.

VERSTÄRKTER GEGENWIND
UND VIEL ENTHUSIASMUS

25 Jahre mögen eine kurze Zeitspanne sein, dennoch hat sich im vergangenen Vierteljahrhundert erstaunlich viel erstaunlich schnell bewegt – gerade wenn es um Bücher, Medien und das Leseverhalten geht.

Bei der Gründung von Hier und Jetzt Ende der 1990er-Jahre steckte das Internet noch in den Kinderschuhen, Handys gab es zwar, Smartphones aber nicht, Social Media war ein unbekannter Begriff und trotz E-Mail gehörten Faxgeräte nach wie vor zur selbstverständlichen Büroausstattung – auch bei Hier und Jetzt an der ersten Adresse in Baden-Dättwil.

Der Verlag hat ebenfalls seinen Gründungsmythos, er sei hier kurz erzählt. Als die beiden Historiker Bruno Meier und Andreas Steigmeier zusammen mit dem Gestalter Urs Bernet den Verlag gründeten, geschah das mehr aus praktischen als aus strategischen Gründen. Den Anfang machten die «Badener Neujahrsblätter», die von der Buchdruckerei Baden AG beziehungsweise vom dazugehörigen Baden-Verlag herausgegeben wurden. Meier, Steigmeier und Bernet hatten das Mandat für Inhalt und Gestaltung. Doch dann ging die Druckerei samt Verlag beinahe in Konkurs. Um die Publikation zu retten, gründeten die drei selbst einen Verlag, verdienten ihre Brötchen mit Freelanceaufträgen und brachten sich das Verlagshandwerk nach und nach selber bei. Von Vorteil waren das gute Netzwerk, die Inhaltskompetenz der beiden Historiker sowie der gleich zu Beginn erhobene Anspruch an eine hochwertige Gestaltung und Ausrüstung der Bücher. Urs Bernet ging schon 2004 andere Wege, 2013 löste sich Andreas Steigmeier, der 2003 zusammen mit Tobias Wildi die mittlerweile erfolgreiche Archivdienstleistungsfirma docuteam gründete, von Hier und Jetzt. Das Inhabertrio durchlebte über die Jahre einige Wechsel, seit 2018 führen Denise Schmid und Bruno Meier den Verlag zu zweit, mit Letzterem als Konstante seit der Gründung.

Die Idee, schön gestaltete Bücher zur Kultur und Geschichte der Schweiz für ein breites Publikum – sprich für den Buchhandel – zu machen, funktionierte von Anfang an. Gleich im ersten Jahr standen mit dem Stapferhaus-Buch «Last minute» und dem ersten Teil der SRG-Geschichte zwei Schwergewichte am Start. Programm und Team wuchsen in den ersten Jahren allmählich. Der nationale Durchbruch kam nach zehn Jahren, zwischen 2008 und 2010, mit «Gründungszeit ohne Eidgenossen» von Roger Sablonier – komplexer Inhalt, genialer Titel – und Thomas Maissens Standardwerk «Geschichte der Schweiz» sowie weiteren Titeln mit überregionaler Reichweite und Erfolg im Buchhandel. 2015 zog der Verlag in die Altstadt von Baden, 2020 nach Zürich. Die Buchproduktion hat sich in den vergangenen Jahren bei rund 25 Titeln pro Jahr eingependelt, die Grösse des Teams bei sieben bis neun Leuten (zwischen vier und fünf Vollzeitstellen). Mehrere Auszeichnungen des Bundesamtes für Kultur im Rahmen der schönsten Schweizer Bücher haben den zu Beginn gesetzten Anspruch an die Gestaltung bestätigt. Und 2018 erhielt Hier und Jetzt den Aargauer Heimatschutzpreis. Als der Verlag zwei Jahre später nach Zürich zog, wurde das zwar nicht gerne gesehen, aber Denise Schmid ist das Zürcher, Bruno Meier das Aargauer Bein des Verlags. Es steht sich gut auf beiden.

Doch zurück zu den Anfängen. Als Hier und Jetzt am 9. Februar 1999 ins Handelsregister eingetragen wurde, waren Wochenendausgaben der NZZ noch schwergewichtige Wälzer, die es mit Werbung und Stelleninseraten auf 120 bis 130 Seiten brachten. Im Feuilleton grosser Zeitungen gehörten Buchrezensionen zu Sachbüchern und politischer Literatur selbstverständlich dazu. Diese Selbstverständlichkeiten sind nach und nach zerbröselt. Die Medienwelt hat sich in rasantem Tempo und grundlegend gewandelt. 2007 wurde die Buchpreisbindung aufgehoben, der freie Preismarkt hielt Einzug. Buchhandel und Verlage bekamen das zu spüren, das Publizieren von Büchern ist in den vergangenen 25 Jahren nicht einfacher geworden.

Das neue Medienzeitalter ist auch am historischen Sachbuch nicht spurlos vorübergezogen, und das Publizieren im kleinen Deutschschweizer Markt wird finanziell immer anspruchsvoller. Die verkauften Auflagen sind in den vergangenen Jahren teils markant gesunken. Bücher stehen im Wettbewerb mit der zersplitterten neuen digitalen Unterhaltungs- und Informationswelt – von Instagram über Netflix und YouTube bis zu Podcasts. Das historische Sachbuch als Entschleuniger, als taktiles, kluges Objekt wird seinen Platz behalten, die Nische aber nicht grösser werden.

Von streng wissenschaftlichen Publikationen haben wir uns bereits vor einigen Jahren verabschiedet. Dissertationen sind nicht mehr verkäuflich, die Wissenschaft ist in den digitalen Raum abgewandert, wo sie gut aufgehoben ist. Der sinkenden Nachfrage steht eine wachsende Flut von Anfragen und Manuskripten gegenüber, nicht zuletzt, weil in den vergangenen Jahren auch mehrere Sachbuchverlage aufgegeben haben. Bei den Anfragen reibt man sich oftmals die Augen und ist überrascht, wie wenig sich die Schreibenden überlegen, ob das geplante Werk auch jemand anderen interessieren könnte als das eigene Umfeld, das stets begeistert auf die Ankündigung reagiert, man wolle ein Buch veröffentlichen. Die Magie der Publikation hat ihre Kraft – zumindest für die Publizierenden – keineswegs verloren.

Und die Leserschaft? Sie wird nicht jünger, und sie mag es kürzer als früher. Sie kauft keine Debattenbücher mehr, weil das in den Medien und im Internet genügend verbreitet und abgehandelt wird. Kochbücher und Biografien laufen besser als umfassende Geschichtswerke.

Ob ein Buch im Handel erfolgreich ist, hat viel mit der Medienberichterstattung zu tun, aber auch dort stellt man fest, dass es der vertiefende Wälzer schwerer hat als das menschlich-emotionale Kurzfutter – mit möglichst anschaulichen Bildern. Gute Rezensionen benötigen Zeit – zum Lesen und zum Schreiben –, entsprechend sind sie heute rare Perlen im Blätterwald. Lieber wird das Sachbuch von Journalistinnen und Journalisten als Steinbruch für inhaltliche Beiträge benutzt. Was uns nicht weiter stört, solange der Buchhinweis am Ende des Textes nicht vergessen geht. Wir sind auf die mediale Berichterstattung in irgendeiner Form für die Verbreitung der Bücher immer noch angewiesen. Social Media hilft uns dabei weniger, beziehungsweise lässt sich der Effekt davon kaum messen. Natürlich sind wir aber trotzdem auf allen Kanälen präsent.

Sprechen wir zum Schluss noch über Geld. Auch da ist ein Wandel feststellbar. Für die meisten Buchproduktionen benötigen wir Drittmittel, ohne diese liesse sich ein kleiner Schweizer Verlag nicht betreiben. Auf eine Reihe von Stiftungen ist mit dem passenden Thema immer noch Verlass, wofür wir dankbar sind. Schwieriger gestaltet sich die Unterstützung durch die öffentliche Hand, vor allem für Werke mit gesamtschweizerischem Fokus. Lokale, regionale Themen haben es einfacher, man kann beim entsprechenden Kanton und/oder der Gemeinde anklopfen. Föderalistisch individuelle Vorgaben und Eingabetools machen es einem zwar nicht immer leicht, aber es lässt sich damit leben.

Schwieriger sieht es auf Bundesebene aus. In der viersprachigen Schweiz gibt es keine übergreifende Geschichtspolitik, und beim Bund wenig Bewusstsein für die Sachbuchförderung. Es gibt zwar unter dem Titel Verlagsförderung «Strukturbeiträge an Schweizer Verlage, die eine qualitativ hochstehende Verlagsarbeit leisten». Auch Hier und Jetzt gehört zu den 94 Verlagen, die einen solchen Obolus vom Bund erhalten. Dieser ist klein und deckt höchstens eine kleinere Buchproduktion. Konkrete Projektförderungen würden uns und unseren Autorinnen und Autoren mehr dienen. Doch das Bundesamt für Kultur hat sich davon schon lange verabschiedet und jeweils auf Pro Helvetia verwiesen. Die Schweizer Kulturstiftung des Bundes war diesbezüglich bis 2019 ein angenehmer Partner, hat dann aber die kleine Nische der Sachbuchförderung für gesamtschweizerische Themen sang- und klanglos eingestellt. Unter der Rubrik «Innovation und Gesellschaft», wo das Sachbuch früher daheim war, fördert Pro Helvetia neuerdings nur noch transdisziplinäre Vorhaben, die der Verbreitung des Schweizer Kunst- und Kulturschaffens dienen. Die Klio scheint nicht dazuzugehören. An der Schnittstelle von Kunst, Wissenschaft und Technologie müssen sich förderungswürdige Vorhaben bewegen. Da kann das gute alte Buch auf Papier zwischen zwei Kartondeckeln nicht mehr mithalten. Der Effekt ist, dass wir zurückhaltend auf übergreifende Themen zur Schweizer Geschichte reagieren oder ein Risiko tragen müssen, das sich am Ende oftmals nicht auszahlt.

Ähnlich sieht es bei der Übersetzungsförderung in der viersprachigen Schweiz aus. Unterstützung für die Übersetzung von Sachbüchern findet man auf Bundesebene keine. Es gibt sie nur für Literatur. In einem Land, das sich so viel auf seine Vier- oder Vielsprachigkeit einbildet, eigentlich ein Skandal.

Das heisst nicht, dass sich all das nicht auch wieder ändern könnte. Jedenfalls trotzen wir dem Gegenwind: Unser Programm zeigt, dass wir immer noch ans Büchermachen glauben. An Bücher zur Geschichte und Kultur der Schweiz und daran – in Anlehnung an Virginia Woolf –, dass die Gegenwart gestützt durch die Vergangenheit tausend Mal tiefer ist. Und mit uns tun das unser Team, unsere Autorinnen und Autoren sowie zahlreiche treue Leserinnen und Leser. Danke euch allen!

Dass wir die Schweiz mögen, haben wir mit unseren 25 Texten gezeigt. Sie liegt uns am Herzen mit ihrer Vielfalt, den unterschiedlichen Sprachen und Dialekten, ihrer Buntheit, ihrer Geschichte, ihren Menschen. Wir sind Enthusiasten, so wie alle in unserem Team. Zu den Highlights in unserem Alltag zählen die vielen spannenden Persönlichkeiten, mit denen wir in Kontakt kommen, der enorme Goodwill, der unsere Tätigkeit von verschiedenster Seite begleitet und all die abwechslungsreichen Vernissagen, landauf, landab, mit denen jede neue Publikation gefeiert wird. Sei es in Buchhandlungen, Gemeindezentren, Museen, ehrwürdigen Hörsälen, grossen Mehrzweckhallen, mit einem Sternmarsch auf die Lägern oder hoch oben auf dem Stanserhorn.

Bücher zu machen, ist immer noch eine der schönsten Aufgaben der Welt. Der Nimbus der Verlegerin, des Verlegers ist nach wie vor gross und steht im umgekehrt proportionalen Verhältnis zum ökonomischen Gewicht unseres Geschäfts. Diesbezüglich machen wir uns nichts vor. Wir sind stolz auf 25 Jahre und 700 publizierte Bücher, bleiben aber gut schweizerisch bescheiden.

DIE 25 BESTSELLER VON HIER UND JETZT

Titel	Erscheinungsjahr	Auflage
Thomas Maissen: Geschichte der Schweiz	2010	25 500+
Thomas Maissen: Schweizer Heldengeschichten	2015	17 200+
Susanne Vögeli, Max Rigendinger: Fülscher Kochbuch	2013	12 500+
Stapferhaus Lenzburg (Hg.): Last minute	1999	8000+
François Walter, Marco Zanoli: Historischer Atlas der Schweiz	2022	7600+
Roger Sablonier: Gründungszeit ohne Eidgenossen	2008	7100+
Susann Bosshard-Kälin, Christoph Hammer: Im Fahr	2018	6000+
Corinne Rufli: Seit dieser Nacht war ich wie verzaubert	2015	5600+
Irene Wirthlin: 2610 m ü. M.	2021	5000+
André Holenstein: Mitten in Europa	2014	4800+
Bruno Meier: Ein Königshaus aus der Schweiz	2008	4700+
Thomas Maissen: Schweizer Geschichte im Bild	2012	4600+
Matthias Wiesmann: Bier und wir	2011	4500+
Lisbeth Herger: Unter Vormundschaft	2016	4500+
Diccon Bewes: Mit 80 Karten durch die Schweiz	2015	3900+
Alex Oberholzer: Im Paradies der weissen Häubchen	2023	3700+
Patricia Purtschert: Früh los	2010	3700+
Verena E. Müller: Marie Heim-Vögtlin	2007	3700+
Rebekka Haefeli: Augusta Theler	2016	3700+
Susann Bosshard-Kälin: Beruf Bäuerin	2013	3600+
Rolf Meier, Bruno Meier: Die Lägern	2004	3600+
Martin Matter: P-26	2012	3600+

André Holenstein, Patrick Kury, Kristina Schulz:
    Schweizer Migrationsgeschichte   2018   3300+
Verein zwei mal zwei, Ursula Markus:
    Mensch Langstrasse   2004   3300+
Matthias Daum, Ralph Pöhner, Peer Teuwsen:
    Wer regiert die Schweiz?   2014   3300+

VERLAGSLEITUNG UND TEAM
1999–2023

Verlegerinnen und Verleger

Alex Aepli, 2002–2009
Urs Bernet, 1999–2004
Madlaina Bundi, 2013–2018
Bruno Meier, seit 1999
Denise Schmid, seit 2016
Andreas Steigmeier, 1999–2013
Martin Widmer, 2009–2016

Carmen Bortolin, Social Media, seit 2023
Regula Bühler Honegger, Lektorat, 2011–2016
Madlaina Bundi, Lektorat, 2003–2006
Rachel Camina, Leitung Lektorat, seit 2015
Renata Coray, Lektorat, 2010/11
Eva Cometta, Administration, Vertrieb, 2016–2018
Simone Farner, Gestaltung, 2013–2018 (seit 2018 extern)
Christine Hirzel, Gestaltung, 2004–2016
Urs Hofmann, Lektorat, 2011–2015
Mira Imhof, Social Media, Lektorat, Projektleitung, seit 2020
Alexander Jungo, Praktikum Lektorat, 2017
Miriam Koban, Gestaltung, 2011–2017
Patrizia Kurz, Gestaltung, 2005
Stephanie Mohler, Lektorat, 2018–2023
Sandra Monti, Lektorat, 2005–2009
Sara Neeser Glauser, Gestaltung, 2006–2013
Benjamin Roffler, Herstellung, seit 2018
Tilena Santesso, Praktikum Lektorat, 2013
Naima Schalcher, Gestaltung, 2017/18 (seit 2018 extern)
Susanne Schenzle, Administration, Vertrieb, 2021–2023
Nelly Schläpfer, Administration, Vertrieb, seit 2023
Gregory Siegl, Praktikum Lektorat, 2012
Laura Simon, Praktikum Lektorat, 2014
Sara Steffen, Praktikum Lektorat, 2015
Sabine Steigmeier, Administration, Vertrieb, 1999–2016
Urs Voegeli, Praktikum Lektorat, 2017/18
Rafael Werner, Praktikum Lektorat, 2016
Simon Wernly, Lektorat, 2006–2011
Chantal Wey, Administration, Vertrieb, 2018–2021
Ruth Wiederkehr, Lektorat, 2012

Bildnachweis

Umschlag:
Keystone/Photopress
366676848 (RM)
Klappe: Meinrad Schade

S. 13: Zentralbibliothek Zürich, Inv 6 (links), 16 (rechts)
S. 17: Medizinhistorisches Institut der Universität Zürich, Bircher-Benner-Archiv, P-N-62
S. 21: Amt für Denkmalpflege und Archäologie, Kanton Zug
S. 25: Universitätsbibliothek Basel, Nachlass Carl Henschen, BUH NL 284
S. 30: Haus-, Hof- und Staatsarchiv Wien, UR FUK 27
S. 33: Museum Burghalde, Sammlung Hero, Foto Isabelle Böhmler (links); Sulzer AG (rechts)
S. 37: Stadtarchiv Baden, Q.01.2332 (links); gta-Archiv, Zürich (rechts)
S. 41: Foto Karl-Heinz Hug, Oberbalm
S. 47: Denkmalpflege des Kantons Aargau
S. 51: Sammlung Roland Frei
S. 55: Bibliothèque Nationale de France (links); Zentralbibliothek Zürich (rechts)
S. 59: Sozialarchiv Zürich
S. 64: Aargauer Kantonsbibliothek, MsWettF 37
S. 67: Foto Klaus Anderegg
S. 71: Musée du Vieux Honfleur
S. 75: Medizinhistorisches Archiv Universität Bern, Bestand SGC
S. 79: Rätisches Museum
S. 80: Rätisches Museum
S. 83: Privatarchiv (links); Kunstgeschichtliches Seminar der Universität Zürich, Diathek, Reklame (rechts)
S. 88: Schweizerisches Sozialarchiv
S. 91: Nebelspalter, Nr. 112, 1986
S. 95: BLS-Archiv (oben links, unten links, unten rechts); Historisches Museum Baden (oben rechts)
S. 99: Royal Collection Trust (links); ETH-Bildarchiv (rechts)
S. 103: Stadt Zürich, Amt für Städtebau, Denkmalpflege, Foto André Melchior (links); Foto J. Thiébaud, Kriens (rechts)
S. 107: Foto Christoph Hammer (links); Privatarchiv (rechts)
S. 111: Stadtarchiv Baden, N.82.16

Dank

Allen, die Hier und Jetzt in den letzten 25 Jahren mit ihrem Engagement begleitet haben – und das sind viele – ein herzliches Dankeschön!

Fürs Gegenlesen von Teilen dieses Buches danken wir Ruth Wiederkehr, Elisabeth Joris, Andreas Fischer und Marco Jorio.

Last, but not least: ein grosser Dank an unser Team, das unsere Texte mit Kreativität und sprachlichem Know-how zu dem Objekt gemacht hat, das Sie in Händen halten: Simone Farner, Mira Imhof, Rachel Camina und Beni Roffler.

Der Verlag Hier und Jetzt wird vom Bundesamt für Kultur mit einem Strukturbeitrag für die Jahre 2021–2024 unterstützt.

Dieses Buch ist nach den aktuellen Rechtschreibregeln verfasst. Quellenzitate werden jedoch in originaler Schreibweise wiedergegeben. Hinzufügungen sind in [eckigen Klammern] eingeschlossen, Auslassungen mit [...] gekennzeichnet.

Umschlagbild:
Bahnhof Bern, 1. Mai 1949.

Lektorat:
Mira Imhof, Hier und Jetzt

Gestaltung und Satz:
Farner Schalcher Zürich;
Simone Farner

Druck:
Wallimann Druck,
Beromünster

Bindung:
Bubu AG, Mönchaltdorf

© 2024 Hier und Jetzt,
Verlag für Kultur und
Geschichte GmbH, Zürich,
Schweiz
www.hierundjetzt.ch
ISBN 978-3-03919-608-1